Educação em Revista

Educação em Revista

A Imprensa Periódica e a História da Educação

Organizadoras:
Denice Barbara Catani
Maria Helena Camara Bastos

António Nóvoa
Pierre Caspard
Pénélope Caspard
Ana Laura Godinho Lima
Cynthia Pereira de Sousa
Julieta B. Ramos Desaulniers
Lúcio Kreutz
Paula Perin Vicentini
Rosario S. Genta Lugli

escrituras
São Paulo, 2002

1ª edição 1997
1ª reimpressão 2002

Escrituras Editora e Distribuidora de Livros Ltda.
Rua Maestro Callia, 123 Vila Mariana 04012-100
São Paulo, SP - Telefax: (11) 5082-4190
e-mail: escrituras@escrituras.com.br
site: www.escrituras.com.br

Coordenação editorial
Raimundo Gadelha

Editoração eletrônica
Sandra Angi

Capa
Vagner de Souza

Fotolitos
Paper Express

Impressão
Gráfica Bartira

Dados Internacionais de Catalogação na Publicação (CIP)
(Câmara Brasileira do Livro, SP, Brasil)

Educação em revista: a imprensa periódica e a história da educação / organizadoras Denice Barbara Catani, Maria Helena Camara Bastos. – São Paulo: Escrituras Editora, 2002.

Vários autores:
1ª reimpr. da 1.ed de 1997.
ISBN: 85-86303-14-3

1. Educação - História 2. Educação - Periódicos I. Catani, Denice Barbara. II. Bastos, Maria Helena Camara.

01-6505 CDD-370.5

Índices para catálogo sistemático:
1. Imprensa periódica educacional : Educação 370.5
2. Periódicos especializados : Educação 370.5

Impresso no Brasil
Printed in Brazil

SUMÁRIO

APRESENTAÇÃO

Denice Barbara Catani (Universidade de São Paulo)
Maria Helena Camara Bastos (Universidade de Passo Fundo e Universidade Federal do Rio Grande do Sul)

Este livro nasceu da necessidade de divulgar pesquisas de estudiosos da História da Educação no Brasil e no Exterior, que têm privilegiado como fonte a imprensa periódica educacional. Com a preocupação de avaliar a política das organizações, as preocupações sociais, os antagonismos e filiações ideológicas e as práticas educativas, a imprensa periódica educacional - feita por professores para professores, feita para alunos por seus pares ou professores, feita pelo Estado ou outras instituições (sindicatos, partidos políticos, associações e Igreja), contém e oferece muitos dados básicos para a compreensão da História da Educação e do Ensino.

A imprensa educacional, segundo Pierre Ognier, é um *corpus* documental de vastas dimensões pois constitui-se em testemunho vivo dos métodos e concepções pedagógicas de uma época e da ideologia moral, política e social de um grupo profissional. Desse modo, é um excelente observatório, uma fotografia da ideologia que preside.[1] Nessa perspectiva, torna-se um guia prático do cotidiano educacional e escolar, permitindo ao pesquisador estudar o pensamento pedagógico de um determinado setor ou de um grupo social a partir da análise do discurso veiculado e da ressonância dos temas debatidos, dentro e fora do universo escolar.

O interesse pelo conhecimento e a sistematização de informações acerca dos periódicos especializados em educação têm ocupado pesquisadores de vários países nos últimos tempos. Esse interesse não é novo, de vez que Pierre Caspard, coordenador de um amplo estudo sobre a imprensa de ensino na França[2],

1 OGNIER, P. L'ideologie des foundateurs et des administrateurs de L'École Républicaine à travers de la *Revue Pédagogique*, de 1878 a 1900. **Revue Française de Pedagogie**. Paris, (66): 7-14, jan/fev/mars 1984.

2 CASPARD, P.(dir) **La Presse d'éducation et d"enseignement, XVIII siècle-1940**. Répertoire analytique.Paris:CNRS et INRP,1981-1991. 4 vol.

ressalta o fato de que "pode-se ver as primeiras manifestações (desse interesse), aliás, nas tentativas parciais de Beurier em 1889 e de d'Alméras em 1900, assim como no **Dictionnaire de Pédagogie et d'Intruction Primaire** de Buisson, que continha numerosos artigos relativos à imprensa pedagógica."[3] Para ele, a expressão imprensa de ensino designa "o conjunto de revistas que, destinadas aos professores, visam principalmente guiar a prática cotidiana de seu ofício, oferecendo-lhes informações sobre o conteúdo e o espírito dos programas oficiais, a condução da classe e a didática da disciplina. Essa imprensa constitui um elo indispensável no conhecimento do que tem sido durante quase dois séculos (no caso francês) o sistema de ensino, já que ela representa o espaço onde se desdobra e o ponto no qual se concentra todo um conjunto de teorias e práticas educativas de origem tanto oficial quanto privada."

António Nóvoa, da Universidade de Lisboa, por sua vez refere-se às revistas de ensino, ou a esta imprensa especializada, como "o melhor meio para apreender a multiplicidade do campo educativo." As razões que o levaram a empreender o estudo específico da imprensa periódica educacional portuguesa ligam-se a três potencialidades desses materiais:

-"revelar tanto as múltiplas facetas dos processos educativos, numa perspectiva interna ao sistema de ensino (cursos, programas, currículos), como também o papel desempenhado pelas famílias e pelas diversas instâncias de socialização de crianças e jovens;

-ser o melhor meio para compreender as dificuldades de articulação entre a teoria e a prática: o senso comum que perpassa as páginas dos jornais e das revistas ilustra uma das qualidades principais de um discurso educativo que se constrói a partir de diversos atores (professores, alunos, pais, associações, instituições);

-ser o lugar de uma permanente regulação coletiva: a elaboração de um periódico apela sempre a debates e a discussões, a polêmicas e a conflitos; mesmo quando é fruto de uma vontade

---

3 BEURIER, A. **Les periodiques Scolaires Français de 1789 a 1889**. Paris. D'ALMÉRAS, H. **Notes sur l'Histoire de la Presse de l'Enseignement**. Evreux.

individual, a controvérsia não deixa de estar presente, no diálogo com os leitores, nas reivindicações junto aos poderes públicos ou nos editoriais de abertura."[4]

De fato, as revistas especializadas em educação constituem uma instância privilegiada para a apreensão dos modos de funcionamento do campo educacional, pois fazem circular informações sobre o trabalho pedagógico, o aperfeiçoamento das práticas docentes, o ensino específico das disciplinas, a organização dos sistemas, as reivindicações da categoria do magistério e outros temas que emergem do espaço profissional. Além disso, acompanhar o aparecimento e o ciclo de vida da imprensa periódica educacional permite conhecer as lutas por legitimidade que se travam dentro do campo e também analisar a participação dos agentes produtores do periódico na organização do sistema de ensino e na elaboração dos discursos que visam a instaurar as práticas exemplares. É nesse sentido que se pode afirmar a dupla alternativa que as revistas de ensino oferecem aos estudos histórico-educacionais ao serem tomadas simultaneamente como fontes ou núcleos informativos para a compreensão de discursos, relações e práticas que as ultrapassam e as modelam ou ao serem investigadas, de um ponto de vista mais interno, se assim se pode dizer, quando então configuram-se aos analistas como objetos que explicitam em si modalidades de funcionamento do campo educacional.

A *Imprensa de Educação e Ensino*, de Antonio Nóvoa, analisa a concepção e a organização de um repertório analítico das publicações periódicas portuguesas especializadas nos séculos XIX e XX. Aí se sugere como é possível apreender a realidade do campo educativo em toda a sua complexidade, tomando como núcleo informativo os periódicos, pois estes traduzem com riqueza os debates, os anseios, as desilusões e as utopias que têm marcado o projeto educativo nos últimos dois séculos. O autor considera que estes materiais constituem um corpus essencial não só para a História da Educação, como também para que se criem novas compreensões da cultura

---

4 NÓVOA, A. **A Imprensa de Educação e Ensino - Repertório Analítico** (séculos XIX e XX). Coleção Memórias da Educação. Lisboa: Instituto de Inovação Educacional, 1993. p.XXXII.

pedagógica. É assim que o autor mostra, por exemplo, como uma análise dos periódicos ou do Repertório pode "favorecer uma dinâmica de renovação conceptual e metodológica em História da Educação".

Imprensa Pedagógica e Formação Contínua de Professores Primários (1815-1930), de Pierre Caspard e Pénélope Caspard, analisa as potencialidades da imprensa pedagógica no caso francês, atribuindo às revistas de ensino significativo papel na formação contínua de professores. Examinando o conjunto da imprensa periódica educacional francesa, entre 1815 e 1930, e especificando os critérios utilizados para delimitar o conjunto dos periódicos analisados, selecionam 305 revistas cuja finalidade é a de guiar os professores em sua prática de ensino. Esse esboço de análise serial da imprensa profissional destinada aos professores primários contribui para uma história da formação docente, procurando identificar melhor os atores e os objetivos visados, em função da conjuntura não somente pedagógica, mas também social, técnica ou política.

As Revistas Pedagógicas e a Atualização do Professor: A Revista do Ensino do Rio Grande do Sul (1951-1992), de Maria Helena C. Bastos, apresenta a história da produção do periódico e analisa a seção "Falam os Educadores Brasileiros" (1954-1965) que se constituiu em um discurso exaltatório sobre a educação brasileira, com intenção de normatizar e homogeneizar determinados princípios e práticas docentes e escolares.

A Educação pelas leituras: registros de uma revista escolar, de Cynthia Pereira de Souza, no âmbito da imprensa periódica de cultura e de ensino católica, examina a **Revista Auxilium** (1930-1960), porta-voz da direção do Colégio Santa Inês (Instituto Educacional das Filhas de Maria Auxiliadora), de São Paulo. O foco de atenção recai sobre o tema da formação do público leitor feminino, destacando as representações,as prescrições e práticas de leitura, a partir das análises advindas da história cultural e social da leitura.

O Movimento dos Professores e a Organização da Categoria Profissional:estudo a partir da imprensa periódica educacional, escrito em parceria por Denice Barbara Catani, Paula PerinVicentini e Rosario S. Genta Lugli, examina a profissionalização dos professores, a atuação da Associação

Beneficente do Professorado Público de São Paulo (1901-1919) e do Centro do Professorado Paulista (1930 aos dias atuais) bem como as representações sobre o trabalho docente, tendo como eixo condutor da análise os periódicos editados pelas entidades.

Lúcio Kreutz, em *Literatura Escolar dos Imigrantes Alemães no Rio Grande do Sul: fonte inexplorada na História da Educação*, analisa a iniciativa dos imigrantes alemães na produção do conhecimento e da sua expressão na literatura escolar. Examina os periódicos criados em função da escola teuto-brasileira, que, em 1938, somavam trinta e sete títulos diferentes, entre jornais, revistas mensais ou folhas semanais e anuários (*Kalender*). Como a escola era uma das instâncias básicas para o projeto de comunidade dos teuto-brasileiros, essas publicações centravam-se na promoção da escola e do professor; constituindo-se em fonte riquíssima para o estudo da organização escolar entre imigrantes alemães.

A Formação via Impresso, de Julieta Desaulniers, analisa as formas pelas quais os impressos estimulavam a formação de segmentos populares de Porto Alegre/RS, realizados por representantes da Igreja Católica no período de 1898 a 1968. Estuda, como caso exemplar, o **Boletim do Pão dos Pobres de São Antonio**, editado pela Pia União do Pão dos Pobres de Santo Antonio, considerado como uma das principais formas de materialização da obra da escola de ofício católica e de operacionalização do novo discurso religioso.

Vigilância e Controle: os Anuários do Ensino do Estado de São Paulo e a história do trabalho docente no Brasil (1907-1937), de Denice Barbara Catani e Ana Laura Godinho Lima é um texto articulado àquele escrito em colaboração por Catani, Lugli e Vicentini, que também integra este livro. Aqui, toma-se como objeto a produção desses periódicos que constituíram, em seu tempo, obra de celebração do sistema educacional e veículo portador dos novos saberes de inspeção: misto de vigilância e orientação pedagógica. Descrevem, ainda, a forma pela qual se configuravam na publicação representações acerca do trabalho docente.

Sob a forma de *Apêndice* foram incluídas também informações acerca da imprensa periódica educacional brasileira entre 1808 e 1944. Acreditamos assim, que os diferentes estudos aqui reunidos devem constituir estímulos à continuidade e ao aprofundamento das investigações que tomem em conta como **fonte** ou como **objeto** as revistas de ensino.

A IMPRENSA DE EDUCAÇÃO E ENSINO: CONCEPÇÃO E ORGANIZAÇÃO DO *REPERTÓRIO* PORTUGUÊS

António Nóvoa (Universidade de Lisboa)
com a colaboração de Filomena Bandeira,
João Carlos Paulo e Vera Teixeira

O presente artigo incide sobre a concepção e organização de um repertório analítico das publicações periódicas portuguesas na área da educação e ensino. A importância deste instrumento de trabalho prende-se com as características do campo educativo, uma vez que é através deste *media* que se manifestam a maior parte das "vozes", dos projectos, dos anseios e das realidades dos diversos actores.

A análise da imprensa permite apreender discursos que articulam práticas e teorias, que se situam no nível *macro* do sistema mas também no plano *micro* da experiência concreta, que exprimem desejos de futuro ao mesmo tempo que denunciam situações do presente. Trata-se, por isso, de um *corpus* essencial para a história da educação, mas também para a criação de uma outra cultura pedagógica.

O artigo está dividido em três partes principais, que retomam, no essencial, os capítulos de introdução ao livro **A imprensa de educação e ensino: Repertório Analítico (séculos XIX - XX)** (Lisboa, Instituto de Inovação Educacional, 1993):

1. A imprensa como fonte para a história da educação.
2. Apresentação do **Repertório**
3. Ensaio de interpretação do corpus do **Repertório**

Apesar de se tratar de um artigo centrado sobre a produção de um instrumento de trabalho, esperamos que a sua leitura desperte alguma curiosidade sobre materiais tão importantes para compreender os percursos passados do ensino e da pedagogia e para construir uma idéia nova de educação.

1. *A imprensa como fonte para a história da educação*

Diagnósticos sucessivos, feitos na segunda metade do século XX, têm posto em relevo a fragilidade da História da Educação em Portugal [1]. No ar, deixaram a pergunta ainda por responder: como é possível pensar a educação hoje, e projetá-la no futuro, sem uma compreensão exata do que foram os percursos do passado?

Pode, então, concluir-se que é inexistente a produção historiográfica na área da educação? A resposta é negativa. Ao longo das últimas décadas produziram-se obras e estudos valiosos, nomeadamente no que diz respeito à história institucional e às idéias pedagógicas. Mas falta um plano coerente de desenvolvimento da História da Educação, tanto ao nível dos percursos individuais de investigação como na perspectiva coletiva de investimento numa área científica, o que torna difícil a fixação de investigadores e a consolidação de uma comunidade científica. A dupla marginalidade da História da Educação – face à História e face às Ciências da Educação – não é alheia a esta situação. Mas não explica tudo.

1.1. *As razões de um projeto*

Parte das motivações originais para produzir um **Repertório Analítico da Imprensa de Educação e Ensino (séculos XIX – XX)** encontra-se, justamente, na vontade de contribuir para o reforço da área científica da História da Educação. A entrada pela imprensa pareceu-nos adequada, tendo em conta razões de várias ordens.

Em primeiro lugar, a imprensa é o melhor meio para apreender a multiplicidade do campo educativo, como afirma Pierre Caspard quando deixa clara a intenção do grupo francês

---

1 Ver, por exemplo, os livros publicados na seqüência das seguintes reuniões científicas: 1° Encontro de História da Educação em Portugal (Lisboa, 1987); 1° Encontro Ibérico de História da Educação (S. Pedro do Sul, 1992); 15° Congresso Internacional de História da Educação (Lisboa, 1993); 2° Encontro Ibérico de História da Educação (Zamora, 1995); 1° Congresso Luso-Brasileiro de História da Educação (1996).

em contribuir para uma "história total da educação"[2]. De facto, a imprensa revela as múltiplas facetas dos processos educativos, numa perspectiva interna ao sistema de ensino (cursos, programas, currículos, etc.), mas também no que diz respeito ao papel desempenhado pelas famílias e pelas diversas instâncias de socialização das crianças e dos jovens. A imprensa constitui uma das melhores ilustrações de extraordinária diversidade que atravessa o campo educativo.

Registre-se, em segundo lugar, a natureza da informação fornecida pela imprensa, que lhe concede um caráter único e insubstituível. Estamos, na maior parte das vezes, perante reflexões muito próximas do acontecimento, que permitem construir uma ligação entre as orientações emanadas do Estado e as práticas efetivas na sala de aula. Apesar da diversidade da imprensa, pode afirmar-se que os escritos jornalísticos se definem pelo seu caráter fugaz e imediato, inscrevendo-se freqüentemente numa lógica de reação a acontecimentos ou a idéias, a normas legais ou a situações políticas. A imprensa é, talvez, o melhor meio para compreender as dificuldades de articulação entre a teoria e a prática: o senso comum que perpassa as páginas dos jornais e das revistas ilustra uma das qualidades principais de um discurso educativo que se constrói a partir dos diversos actores em presença (professores, alunos, pais, associações, instituições, etc.).

Há uma terceira razão de grande significado: a imprensa é o lugar de uma afirmação em grupo e de uma permanente regulação coletiva, na medida em que "cada criador está sempre a ser julgado, seja pelo público, seja por outras revistas, seja pelos seus próprios companheiros de geração"[3]. De facto, a feitura de um periódico apela sempre a debates e discussões, a polêmicas e conflitos; mesmo quando é fruto de uma vontade individual, a controvérsia não deixa de estar presente, no diálogo com os leitores, nas reivindicações junto dos poderes públicos ou nos editoriais de abertura.

Finalmente, é preciso dizer que muitas das melhores vozes

---

2 Entrevista de Pierre Caspard à revista **Historiens & Geographes** (n° 339, 1993, pp.89-93).

3 Clara Rocha, **Revistas Literárias do Século XX em Portugal**, Lisboa, Imprensa Nacional, 1981, p.9.

da pedagogia portuguesa só se fizeram ouvir neste fórum, pois não tiveram acesso a ourtos meios de divulgação do pensamento. O conjunto da imprensa periódica põe-nos perante o esforço imenso que gerações sucessivas levaram a cabo para edificar a educação portuguesa. Pierre Caspard chamou-lhes "especialistas até à militância" [4], querendo assim significar a luta por um conjunto de idéias e de valores que dá corpo à profissionalidade no campo da educação e do ensino. A diversidade dos colaboradores diz bem da importância das publicações periódicas como espaço de afirmação de correntes de acção e de pensamento educacional: homens e mulheres, leigos e religiosos, intelectuais e universitários, técnicos e políticos, acadêmicos das mais variadas proveniências (psicólogos, sociólogos, médicos, etc.), pais e alunos, membros de muitas profissões e, acima de tudo, professores, estão presentes nas páginas dos jornais e revistas de educação e ensino.

1.2. As motivações historiográficas

As motivações historiográficas foram determinantes no lançamento e na orientação do **Repertório**. Três intenções merecem destaque: a vontade de produzir instrumentos de acesso a uma fonte de grande riqueza, a afirmação da imprensa como objeto de estudo autônomo e o desejo de contribuir para a renovação conceptual e metodológica da História da Educação.

É verdade que a maioria dos historiadores da educação tem recorrido, com alguma freqüência, à consulta de publicações periódicas. A situação singular – e, por vezes, mesmo exclusiva – que a imprensa ocupa como fonte torna inevitável esta diligência. Mas o *corpus* das publicações periódicas não foi, até hoje, objeto de uma atenção específica. E, no entanto, a função que ele desempenha na configuração institucional do campo educacional, na afirmação da profissionalidade docente, no debate de idéias pédagógicas ou no desenvolvimento de práticas educativas e escolares, concede-lhe um estatuto muito especial. O objectivo primeiro do **Repertório** é expor a diversidade e a riqueza da imprensa periódica de educação e ensino, organizando um conjunto de materiais que constituem uma via privilegiada de acesso às mais variadas informações.

---

4 Pierre Caspard, op. cit., vol I, p.9.

Simultaneamente, a imprensa pode ser pensada como um objeto de estudo autônomo. O material apresentado no **Repertório** confirma amplamente a possibilidade de interrogar a imprensa a partir de múltiplas perspectivas: o significado que assume na difusão das idéias ao longo dos séculos XIX e XX; a diversidade de objetivos que se cruzam nas suas páginas (informativos, doutrinários, ideológicos, profissionais, etc.); o modo como foi utilizada pelos atores educativos, a título individual e coletivo (instituições oficiais, associações profissionais, sociedades científicas, correntes de opinião, etc.); o papel que desempenhou na ligação entre o devir social e as mudanças no campo educativo, num e noutro sentido. Eis algumas das questões que podem ajudar a pensar a imprensa e a repensar a agenda da investigação histórica em educação. Para tal, é preciso sistematizar um conjunto de problemas e definir planos teóricos de abordagem que permitam a sua explicação e interpretação; trata-se de compreender as dimensões sociais da educação, ultrapassando uma mera descrição das idéias, das reformas, dos programas e das práticas educativas.

Assinale-se, por último, a forma, como uma análise do **Repertório** pode favorecer uma dinâmica de renovação conceptual e metodológica em História da Educação. Assiste-se hoje em dia ao ressurgimento de uma "história intelectual" solidária de um pensamento cultural crítico; já não se trata de reconstruir as idéias dos pensadores do passado, mas antes de as interrogar a partir de um diálogo com o presente e de compreender as funções que desempenharam como linguagens de poder. Estas perspectivas começaram por se manifestar nas investigações relacionadas com a história do currículo, que deram origem a elaborações conceptuais muito inovadoras. Influenciadas pela "história social", mas também pelas teses da "história cultural", estas correntes tendem a renovar os terrenos de pesquisa, as práticas de trabalho e os instrumentos metodológicos[5]. Pelas suas características intrínsecas, a imprensa

5 Ver António Nóvoa, "On History, History of Education and History of Colonial Education", in **The Colonial Experience in Education: Historical Issues and Perspectives**, Gent, Paedagogica Historica, p. 23-61.

de educação e ensino é um dos melhores lugares para imaginar outros possíveis em História da Educação.

2. *Apresentação do Repertório*

O **Repertório** é a trave-mestra de uma trilogia da imprensa de educação e ensino, que inclui ainda um **Catálogo** e um **Álbum ilustrado**. Abrange 530 títulos, contendo fichas de análise que descrevem as principais características, o objetivo e o conteúdo do periódico. Os investigadores em História e em Ciências da Educação constituem o seu público-alvo.

Integrado num conjunto alargado de projetos internacionais, o **Repertório** teve uma influência muito significativa, em especial do grupo francês dirigido por Pierre Caspard e da equipe belga coordenada por Maurits De Vroede[6]: no primeiro caso, foi extremamente importante o modelo de análise escolhido e a forma de apresentação do produto final; no segundo caso, inspiramo-nos na síntese e na contextualização histórica de cada periódico.

Em termos da definição do universo de periódicos a analisar adoptou-se uma perspectiva idêntica à de Pierre Caspard, alargando o *corpus* à "imprensa de educação e ensino" e não apenas à "imprensa pedagógica". Esta opção levantou-nos inúmeras dificuldades, mas em contrapartida permitiu-nos cobrir um campo vasto, em sintonia com as orientações recentes da investigação em educação. Assim, para além do ensino formal, foi possível abrir a pesquisa à educação não-formal, nomeadamente no contexto da educação de adultos, da educação familiar, da educação da mulher, dos movimentos de juventude, dos jornais e revistas infantis, da educação física e desportos, da higiene e saúde escolar e da assistência e proteção a menores.

Do ponto devista cronológico, decidimos recuar até aos

6 Pierre Caspard (dir.), **La presse d'education et d'enseignement (XVIII siècle - 1940): repertoire analytique**, Paris, Institut National de Recherche Pédagogique/ Éditions du CNRS, 4 vol., 1981-1991. Maurits De Vroede (dir.), **Bijdragen tot de geschiedenis van het pedagogisch leven in Belgie in de 19 de en 20 ste eeuw. De Periodieken**, Gand Louvain, Rijksuniversiteit te Gent/ Université Catholique de Louvain, 6 vol., 1973-1987.

primórdios da imprensa de educação e ensino e prolongar a análise até aos dias de hoje (isto é, até o ano de 1989, data de início do projecto). A opção de "recuar" não se revelou muito problemática, na medida que não se detectou, para o século XVIII, nenhum periódico que respeitasse os critérios de seleção definidos, marcando o ano de 1918 a data de publicação da primeira revista seleccionada: **Anais das Ciências, das Artes e das Letras**. Já a opção de "avançar" até aos dias de hoje se revelou extremamente complexa, tendo obrigado a várias alterações na concepção do **Repertório**; de facto, foi preciso ajustar os critérios de seleção e as metodologias de análise, tendo em conta a expansão da imprensa de educação e ensino na 2ª metade do século XX, bem como a maior especialização do campo educativo e a inevitável diferença de tratamento entre escritos produzidos em diferentes contextos históricos. Esta opção permitiu-nos situar melhor o trabalho nas continuidades e descontinuidades da longa duração do tempo educativo, para além de lhe conceder uma maior actualidade.

2.1. Seleção dos periódicos e organização do Repertório

A seleção obedeceu a critérios de *conteúdo*, independentemente do contexto de produção das publicações periódicas. Assim, fazem parte do **Repertório** todos os jornais e revistas que reservam pelo menos 25% do espaço para o tratamento explícito de questões educativas, escolares ou pedagógicas. Trata-se de um critério de difícil operacionalização, mas que permite abranger não só a imprensa especificamente pedagógica, como também as publicações periódicas que olham para a educação a partir de outros campos sociais.

Contrariamente à sitação existente noutros países, como em França, por exemplo, Portugal não dispõe de um **Catálogo geral dos periódicos** que pudesse servir de base ao trabalho inicial de inventariação dos jornais e revistas. A ausência de um instrumento de pesquisa deste gênero acarretou enormes dificuldades, na medida em que implicou uma dispersão das fontes e das técnicas de trabalho e obrigou à diversificação dos locais de pesquisa. Neste sentido, não pudemos basear o nosso trabalho num *corpus* preexistente, e tivemos de o construir com base num conjunto de intenções de pesquisa e de critérios de seleção.

Para constituir o ficheiro-mestre procedemos ao levantamento sistemático dos catálogos manuais de quatro bibliotecas, escolhidas pela importância das suas coleções de periódicos: Biblioteca Nacional, Biblioteca Geral da Universidade de Coimbra, Biblioteca Pública de Évora e Biblioteca Municipal do Porto. Em cada uma delas, referenciamos todos os títulos, complementos de título e menções de responsabilidade que, de algum modo, remetessem para as questões da educação e do ensino. Este método de trabalho não nos colocou ao abrigo de falhas e omissões e, por isso, temos de aceitar o carácter "transitório" e "incompleto" da investigação. Sabe-se que a investigação histórica é sempre prisioneira das fontes. A asserção é duplamente verdadeira em relação a uma pesquisa, com as características deste projecto, sobre a imprensa de educação e ensino.

A feitura do **Repertório** foi conduzida por um olhar histórico e, deste modo, tem por finalidade prioritária apoiar e desenvolver a História da Educação em Portugal. Subjacente às diversas opções tomadas esteve sempre a preocupação de contribuir para o reforço e consolidação do trabalho que **já se faz** e para a definição de novas agendas de investigação. Tendo em conta o **entre**-lugar que a História da Educação ocupa, o **Repertório** pretende também contribuir para a investigação em História e em Ciências da Educação. No primeiro caso, esta compilaçaõ de periódicos pode funcionar como suporte para estudos em áreas tão distintas como, por exemplo, a história do pensamento e das idéias, a história cultural e intelectual, a história social e do quotidiano, a história da edição e da imprensa ou a história biográfica. No segundo caso, uma obra com estas características encontra-se apta a oferecer uma memória ao pensamento científico em educação e a permitir a ancoragem no tempo das problemáticas escolares e pedagógicas. A chave da leitura do **Repertório** encontra-se, em grande medida, na articulação entre o objectivo historiográfico e o esforço de abertura da investigação em Ciências da Educação.

2.2. Modelo das fichas de análise

As fichas de análise incluem quatro campos distintos, claramente identificados pela arrumação gráfica: cabeçalho, objectivo, conteúdo e dados técnicos (ver figura anexa)

EDU

182

O EDUCADOR
Hebdomadário educativo – Propriedade dos alunos da E.P.S. Faro (Curso para o Magistério)

Faro
25 Dez, 1919 – 8 Abr. 1920

f Periodicidade, formato, n.° de páginas e preço
Bimensal. 45cm., 4pp., $06.

f Responsáveis
Director: Nunes de Sousa.
Editor:José S. Ferradeira.
Redactor: J. Gonçalves Correia.
Secretário de Redação: Cipriano Alves.

f Colaboradores
Honorato Santos, Nuno Simões, Marília de Avlis, Mateus da Silva e Neves Anacleto são alguns dos alunos que, conjuntamente com os responsáveis, assinam os artigos deste jornal.

Cotas

BN	J3194' G Incompleta (falta um número)
BPMP	P-D-280 (5) Incompleta (faltam doisnúmeros)
BGUC	GN-9-1 Muito incompleta
BPE	–

OBJECTIVO
"Somos os professores primários de amanhã e somos, portanto, a chave da péssima geração. (...)
Compete-nos amanhã dar à Pátria, aos nossos educandos, o exemplo do trabalho inteligente, fecundo, disciplinado e ardente.
Fazemo-lo já hoje, para bem da nossa consciência, para que se saiba que não será o professor de amanhã que não trabalhará, que não saberá trabalhar e ainda para que todos aqueles que anunciam – desejam talvez – a ruína da terra que os engorda, contem com mais um inimigo." (n°1, 25 Dez.1919).

CONTEÚDO
Jornal escolar, em tudo semelhante a outras publicações estudantis e, em particular, às dos alunos das escolas primárias superiores. Além dos trabalho de índole literária. *O Educador* inclui artigos onde os alunos abordam temáticas relativas à educação, ensino e professorado.

Estes repartem-se maioritariamente por textos que se esforçam por definir o estatuto e ideal de educador (assinale-se, pela sua originalidade, a apresentação de um concurso de quadras acerca do assunto), mas também por notícias sobre o movimento de discussão pedagógica em Portugal, apelos dos estudantes para a resolução de problemas da escola, reflexões acerca do programa e meios auxiliares do ensino primário e textos consagrados a componentes sociais da educação (no caso, a educação física e a educação da mulher).

- ***Cabeçalho***

O cabeçalho assinala o título (em maiúsculas), o complemento de título (em itálico), o local de edição e as datas de início e de fim da publicação.

- ***Objectivo***

O texto de objectivo é composto por um ou mais excertos retirados, sempre que possível, do editorial de abertura ou de notas programáticas. Mais do que ilustrar uma época e um tema ou dar voz à imprensa de educação e ensino, este material constitui uma "antologia" da imprensa de educação e ensino, passível no seu todo de leitura autónoma.

- ***Conteúdo***

Na zona de conteúdo sistematizam-se, numa perspectiva analítica, as principais características temáticas das publicações analisadas. Em termos gerais, o conteúdo do periódico é descrito em três partes principais: na primeira parte faz-se uma apresentação genérica da publicação, assinalando as suas principais características, os temas dominantes e a estrutura editorial, sugerindo nalguns casos uma apreciação crítica do periódico; na parte central realiza-se um desdobramento temático do conteúdo dos artigos publicados, procurando sistematizar e agrupar em rubricas os assuntos que foram objecto de maior atenção: na última parte assinalam-se uma série de dados relevantes para a compreensão do periódico, tais como fotografias, bibliografia, colóquios e conferências, números especiais, aspectos particulares, secções e rubricas várias ou publicidade.

- ***Dados Técnicos***

Na coluna mais estreita, apresentam-se as características técnicas da publicação em análise: filiações entre os periódicos; ligações a grupos ou instituições; periodicidade, formato, número mínimo e máximo de páginas, preço e tiragem; identificação dos responsáveis (director, editor, proprietário, administrador, redactores, etc.); e lista dos colaboradores (em certos casos, transcrevem-se todos os colaboradores, mas de uma forma geral referem-se apenas os principais); menção das cotas atribuídas aos periódicos nas quatro bibliotecas de referência da investigação (e excepcionalmente noutros locais) e estado das coleções consultadas.

Um dos aspectos mais importantes do **Repertório** prende-se com a organização dos índices finais (cronológico, geográfico, onomástico, temático e de títulos) e com uma tipologia das publicações periódicas analisadas. Eles constituem um elemento imprescindível e permitem várias formas de consultar o **Repertório**, consoante os interesses dos utilizadores. A título exemplificativo, é possível evocar seis modos de exploração e consulta:

• Identificar um conjunto de periódicos consagrados a uma área temática específica (entrada pela **tipologia das publicações**);

• Organizar um grupo de revistas e jornais publicados num dado período (entrada pelo **índice cronológico**);

• Assinalar os periódicos editados num determinado local (entrada pelo **índice geográfico**);

• Detectar a produção jornalística e a publicação de actividades de pessoas, individuais ou colectivas (entrada pelo **índice onomástico**);

• Refenciar grupos de periódicos úteis para a análise de certos temas ou assuntos (entrada pelo **índice temático**);

• Conhecer a linha editorial, as características técnicas e o conteúdo de um periódico previamente selecionado (entrada pelo **índice de títulos**);

Apesar de ser eventualmente desnecessário, é importante dizer uma vez mais que a selecção e a descrição das publicações é feita a partir dos nossos próprios interesses e interrogações teóricas. Definimos critérios, uniformizamos procedimentos, adoptamos práticas de rigor e objectividade – mas sempre na afirmação de opções conceptuais e teóricas. São elas que dão sentido a esta obra, que está atravessada por uma preocupação com a dimensão social do campo da educação e ensino.

3. *Ensaio de interpretação do corpus do Repertório*

Se bem que o **Repertório** se constitua como um contributo porventura decisivo para a construção de uma história da imprensa de educação e ensino em Portugal, deve notar-se que um primeiro ensaio de interpretação dos materiais aqui apresentados se depara com alguns escolhos, resultantes do estado da investigação histórica sobre a educação e acerca da imprensa em Portugal.

Já antes se referenciaram problemas e características relevantes do ponto de vista da história da educação, restando agora aludir aos obstáculos emergentes da necessidade de se articularem estes materiais com dados disponíveis no âmbito da história da imprensa e da própria sociedade portuguesa dos séculos XIX e XX. Não perdendo uma margem de autonomia que facilmente se reconhece a qualquer campo mais específico da imprensa periódica, os jornais e revistas de educação e ensino não escapam porém a ritmos, a tendências e a estruturas globais que são comuns ao próprio evoluir da comunicação social e, em última análise, às transformações mais marcantes da sociedade portuguesa.

3.1. *Tipologia das publicações periódicas*

A elaboração de uma tipologia permite uma apreensão global da imprensa de educação e ensino ao longo dos séculos XIX e XX, desde os temas mais presentes na investigação histórica em educação até aos aspectos que até agora não foram objecto de um estudo sistemático. Cabe aqui, no entanto, salientar que a tipologia proposta não pretende ser mais do que um primeiro esforço de interpretação desta problemática.Fornece-nos, sobretudo, algumas linhas orientadoras da história da imprensa de educação e ensino em Portugal, demarcando e propondo áreas de estudo e investigação.

Os periódicos analisados foram, pois, classificados numa categoria, correspondente ao tema principal para que a publicação remete. Este critério taxonômico foi aplicado como uma regra geral que não excluiu alguns casos excepcionais: a possibilidade de integração de um mesmo periódico em duas categorias diferentes, sempre que as respectivas características principais fossem consideradas fundamentalmente "híbridas".

Tipologia das Publicações Periódicas

n = número de publicações analisadas (n total = 566) [7]

SISTEMA EDUCATIVO E INSTITUIÇÕES ESCOLARES n = 69 (12%)	Publicações oficiais (âmbito nacional) n = 21 Publicações de iniciativa local ou regional n = 28 Liceus / Ensino liceal n = 11 Escolas técnicas / Ensino Profissional n = 9
PROFESSORES n = 155 (27%)	Formação de Professores / Escolas Normais n = 47 Associativismo docente n = 47 Acção educativa / Professores n = 61
TIPOS PARTICULARES DE EDUCAÇÃO E ENSINO n = 70 (12%)	Ensino Particular e cooperativo n = 13 Ensino religioso n = 17 Educação colonial / Missões n = 24 Educação física e desporto n = 16
MODALIDADES DE APOIO E INTEGRAÇÃO SOCIOEDUCATIVA n = 62 (11%)	Assistência e proteção a menores n = 30 Acção social escolar n = 8 Educação Especial n = 12 Higiene e saúde escolar n = 12
EDUCAÇÃO NÃO-FORMAL n = 134 (24%)	Crianças e jovens n = 58 Movimentos de juventude n = 20 Educação familiar n = 14 Educação da mulher n = 11 Educação de adultos n = 31
CIÊNCIAS DA EDUCAÇÃO n = 76 (14%)	Cultura, ciência e doutrina n = 11 Teorias da educação / Idéias pedagógicas n = 14 Divulgação educativa / inovação pedagógica n = 28 Métodos e meios de ensino n = 23

7 O número total de periódicos analisados é 530, mas há alguns que surgem integrados em mais de uma categoria, o que dá um *n total* de 566.

Cada uma das seis categorias assim definidas encontra-se, por sua vez, sistematizada em várias subcategorias, que lhes conferem sentido e consistência interna.

- A categoria SISTEMA EDUCATIVO E INSTITUIÇÕES ESCOLARES é composta por dois grandes grupos, relacionados respectivamente com o sistema educativo e com as instituições escolares. O primeiro grupo, que diz respeito directamente ao sistema educativo, reúne: por um lado, *publicações oficiais* de âmbito nacional sobre aspectos de política, de organização e de funcionamento do sistema educativo; e, por outro lado, *publicações de iniciativa local ou regional* quase sempre dinamizadas por professores do ensino primário ou por outros agentes educativos. O segundo grupo remete para as publicações periódicas produzidas no âmbito do ensino liceal e do ensino técnico profissional: na subcategoria *liceus/ ensino liceal* integram-se revistas com uma certa estabilidade, que revelam a importância da vida escolar e da reflexão pedagógica no interior das instituições liceais; a subcategoria *escolas técnicas/ ensino profissional* ganha expressão a partir do início do século XX, nomeadamente em períodos de reforma deste sector educativo.
- A categoria PROFESSORES é a mais numerosa, agrupando os periódicos que testemunham a expressão social dos agentes educativos enquanto grupo. Num arco temporal de quase dois séculos, assiste-se à afirmação progressiva de um corpo profissional organizado e às metamorfoses que a história política e cultural foi tecendo na sua imagem, função e poder. O acervo documental que forma esta categoria abarca um conjunto amplo de informações, que se pode agrupar em três subcategorias de referência: *formação de professores/ escolas normais*, que remete exclusivamente para publicações produzidas no âmbito de instituições de formação de professores; *associativismo docente*, que engloba os jornais e revistas que se assumem formalmente como órgãos de associações de professores; *acção educativa/ professores*, que abrange uma série de periódicos de divulgação e de combate dinamizados por professores, por vezes com ligações fortes à formação (sobretudo, à formação contínua) e ao movimento associativo.

- A categoria TIPOS PARTICULARES DE ENSINO E EDUCAÇÃO representa pouco mais de um décimo (12%) dos periódicos analisados. Este conjunto é representativo de uma actividade editorial com objectivos, características e preocupações relativamente diversificadas: os treze títulos incluídos na subcategoria *ensino particular e cooperativo* revelam a importância muito relativa que a imprensa desempenha neste sector; ao contrário, a subcategoria *ensino religioso* ilustra muito parcialmente a realidade da educação religiosa católica, pois trata-se de um tipo de ensino que gera uma actividade editorial significativa, com alguns títulos editados de modo regular durante várias décadas; a subcategoria *educação colonial / missões* é bastante numerosa e heterogénea, podendo identificar-se aspectos da actividade missionária, da acção educativa promovida e realizada nas colónias por iniciativa local e da acção despoletada pela própria dinâmica da política colonial portuguesa no terreno da educação e ensino; a subcategoria *educação física e desporto* inclui os dezesseis periódicos que, no conjunto alargado de publicações da mesma área, concedem maior importância ao carácter formativo e escolar dessas actividades.
- A categoria MODALIDADES DE APOIO E INTEGRAÇÃO SOCIOEDUCATIVA contempla formas diversas de enquadramento e de apoio a crianças e jovens com problemas de ordem económica e de inserção social, bem como estratégias de prevenção sanitária e de promoção do desenvolvimento físico e intelectual dos alunos: a primeira subcategoria integra publicações que documentam vários aspectos da *assistência e proteção a menores*, numa tensão permanente entre discursos de características laicas e inspirados por um pensamento social de raiz republicana e discursos de feição católica que organizam práticas baseadas na solidariedade cristã; na subcategoria *acção social escolar* incluem-se jornais que descrevem experiências realizadas no ensino primário, nomeadamente no âmbito das caixas e cantinas escolares; a *educação especial* constitui um domínio específico que permite abordar, sobretudo a partir do início do século XX, as múltiplas questões que se colocam à assistência e reeducação dos deficientes; as doze publicações que dão forma à subcategoria *higiene e saúde escolar*

caracterizam-se por um objetivo comum de educação, prevenção e assistência médico-sanitária e resultam da política editorial de associações particulares, de organismos oficiais ou ainda de sociedades científicas.

- A categoria EDUCAÇÃO NÃO-FORMAL reúne 134 títulos (24%), abrangendo uma diversidade de formas de educação que não se pautam por lógicas ou processos escolares. A primeira subcategoria agrupa publicações dirigidas à educação de *crianças e jovens*, uma imprensa de características muito próprias, que se desenvolve a partir de meados do século XIX, nomeadamente com o aparecimento das ilustrações, e que na perspectiva instrutiva e moralizante tem o seu período áureo por volta de 1930. A partir desta data, constata-se o aparecimento regular de periódicos integrados na subcategoria *movimentos de juventude*, o que confirma o reforço do enquadramento social (moral, religioso e ideológico) das actividades de tempos livres das crianças e dos jovens. No que respeita à imprensa periódica, a preocupação com a *educação da mulher*, nomeadamente enquanto mãe e educadora, desenvolve-se ao longo do século XIX, ganhando uma expressão de grande significado nas primeiras décadas do século XX. Esta perspectiva prolonga-se na subcategoria *educação familiar*, sendo de destacar o significado da imprensa de cariz enciclopédico, particularmente durante o século XIX. Refira-se, por último, o conjunto das publicações respeitantes à *educação de adultos* (alfabetização, formação profissional dos operários, educação moral e cívica, etc.) que ganha uma nova dimensão no início do século XX.
- Na categoria CIÊNCIAS DA EDUCAÇÃO integram-se 14% dos periódicos analisados, organizados em quatro subcategorias que mantêm entre si fronteiras diferenciadas. A subcategoria *cultura, ciência e doutrina* reforça a idéia de que a produção teórica e, sobretudo, a intervenção crítica acerca das questões pedagógicas e das políticas educativas se realiza várias vezes fora do campo circunsrito da imprensa de educação e ensino. A subcategoria *teorias da educação/ idéias pedagógicas* inclui as revistas que assumem de forma mais clara e prioritária o objectivo de produzir um conhecimento teórico relevante na área da educação. A subcategoria *divulgação educativa/*

inovação pedagógica agrupa modelos de publicação que se dedicam à renovação do ensino, à descrição de experiências concretas e à divulgação de correntes pedagógicas específicas. Os periódicos englobados em *métodos e meios de ensino* permitem reforçar a idéia de uma certa disparidade por vezes existente entre o tratamento de um tema e a produção de jornais e revistas onde se tem por objectivo central esse mesmo assunto.

3.2. Elementos de análise geral do corpus do Repertório

A análise da distribuição temporal dos periódicos recenseados permite evidenciar a tendência genérica para o crescimento, mesmo num período mais recente, em que a imprensa parece ceder o lugar prioritário a outros meios de comunicação social, nomeadamente a televisão. Atendendo à duração média das publicações, bem como aos quantitativos anuais de novos títulos e de periódicos em publicação, é possível detectar algumas indicações no sentido de estabelecer uma periodização provisória da imprensa de educação e ensino em Portugal (trata-se, como é evidente, de uma interpretação desenhada no interior do *corpus* do **Repertório**, construído a partir dos critérios anteriormente apresentados).

A contagem do número anual de novas publicações permite identificar alguns momentos específicos por que passa a produção nesta área de edições. Uma primeira constatação remete para o aparecimento lento e pontual de periódicos até cerca de 1860, momento em que se torna mais regular o nascimento de novas publicações. De seguida, é importante assinalar a importância do período 1907-1936, no qual se verificam os maiores quantitativos por ano; estamos perante uma fase de grande dinâmica editorial, marcada todavia pela instabilidade, na medida em que as publicações tendem a ter uma vida efémera. Durante o Estado Novo (1930-1974) verifica-se um certo decréscimo no aparecimento de novos jornais e revistas, ainda que se constate uma maior estabilidade editorial. A imprensa passa por um período de renovação após a Revolução de 1974, tornando-se visível uma reanimação na década de 1980, em sintonia com os projectos de reforma do sistema educativo e com a consolidação da comunidade científico-educacional.

Todavia, esta primeira aproximação não contempla a

longevidade dos periódicos editados. Importa, por isso, conjugar estes dados com os correspondentes ao número de periódicos em publicação num determinado ano. Neste âmbito, verifica-se a existência de uma primeira grande linha divisória após 1855 – ano a partir do qual existem sempre periódicos de educação e ensino em publicação. Desde este momento podem definir-se vários períodos, partindo de um critério que tem em conta os valores médios verificados e as variações que lhes são correspondentes. Assim, temos os períodos: *de 1860 a 1910*, no qual se regista uma tendência para o aumento de periódicos publicados, sem que todavia este quantitativo exceda as duas dezenas; *de 1910 a 1927*, em que apesar de uma variação excepcional (1915-1916), o número de periódicos ronda a dezena e meia de títulos em publicação; *de 1928 a 1950*, onde, apesar de uma tendência gradual para a diminuição de novos periódicos, se regista um volume médio de publicações superior ao período anterior, embora sujeito a uma ligeira quebra coincidente com a conjuntura da II ª Guerra Mundial; *de 1915 a 1972*, caracterizado pela permanência da maior parte dos periódicos surgidos anteriormente, uma vez que o acréscimo no número de periódicos editados corresponde sensivelmente ao quantitativo de títulos então aparecidos; *de 1973 a 1984*, em que se constatam, primeiro uma significativa quebra de títulos, depois uma rápida subida do volume de periódicos, que se irá manter nos cinco anos subseqüentes *(1985-1989).*

A partir destes resultados, ponderados ainda em função de factores como a duração média das publicações, a sua regularidade e periodicidade, torna-se possível identificar cinco períodos relativamente distintos:

- O primeiro vai até 1860 e corresponde, não só à emergência da problemática educativa no seio de uma parte importante da imprensa periódica em geral, mas também à génese da imprensa de cunho declaradamente pedagógico, cujo nascimento se pode datar em 1835 com o ***Jornal Mensal de Educação***.
- O segundo (1860-1909) coincide, grosso modo, com as fases de estabilização e crise da monarquia constitucional, tendo como característica mais marcante a afirmação progressiva da imprensa como espaço autónomo de debate pedagógico, facto que se comprova tanto pelo crescimento regular dos títulos em

publicação, como pelo aparecimento de jornais e revistas mais regulares e duradouros, nomeadamente para os sectores pioneiros da educação e ensino.

- O terceiro período, 1910 – 1936, abrange a Iª República e a fase de consolidação do Estado Novo, definindo-se essencialmente pela proliferação de experiências no âmbito da imprensa; não sendo extensivo à totalidade dos "tipos" de periódicos e aos diversos sectores que dinamizam estas iniciativas, este fenómeno provoca uma crescente importância do papel da imprensa de educação, de qualquer modo limitada pela irregularidade que caracteriza uma boa parte dos jornais e revistas e pelo seu carácter geralmente efémero.
- O quarto período é delimitado pelos anos de 1937 e 1972. Estas balizas cronológicas - sintomaticamente coincidentes com as reformas educativas dos ministérios de Carneiro Pacheco e de Veiga Simão – englobam a fase em que se verifica a maior intensidade de materiais publicados e uma relativa quebra e posterior estabilização do índice de novos periódicos por ano. As características anteriores resultam fundamentalmente da maior estabilidade e consequente vitalidade dos jornais e revistas então publicados, um fenómeno e, em larga medida, interligado com o período de vigência do Estado Novo, uma vez que essas características estão correlacionadas com a crescente importância das publicações oficiais, sejam elas oriundas do aparelho do Estado ou então de instituições de carácter formativo.
- O último período inicia-se precisamente com a inversão destas características. A tendência inicial para o decréscimo acentuado do número de publicações relaciona-se com os fenómenos de reestruturação institucional, desencadeados pela Revolução de 1974 e deve-se sobretudo ao desaparecimento de um número significativo de títulos, tanto mais quanto se constata um crescimento progressivo do número de novas publicações , muitas delas oriundas de uma renovação em determinados sectores da imprensa de educação e ensino, em particular no âmbito de experiências pedagógicas, das novas instituições de formação de agentes e técnicos escolares, do desenvolvimento do associativismo e sindicalismo docentes e da própria reforma do sistema educativo.

Apesar destes períodos serem relativamente diferenciados e da existência de fenómenos conjunturais que influenciaram certos momentos da história da imprensa pedagógica, detectam-se duas grandes linhas tendenciais que se mantêm ao longo dos dois séculos. Utilizando uma metáfora, poderíamos afirmar que nestes cerca de duzentos anos se estabelece a progressiva afirmação das revistas especializadas e formalmente mais cuidadas, de periodicidade mais alargada, de âmbito essencialmente institucional e nacional, em detrimento do jornal semanal/ quinzenal, abordando um espectro de temas educacionais bastante alargado, muitas vezes realizado com técnicas e meios rudimentares e, a maior parte das vezes, fruto do voluntarismo dos professores, técnicos e público de algum modo interveniente no acto educativo. Assim, assiste-se à substituição do periódico de objectivos genéricos, muito ligado ao peso dos acontecimentos e das circunstâncias, pela publicação que, podendo tratar de vários assuntos, apresenta um âmbito muito mais especializado; esta alteração é isomorfa da progressiva institucionalização das iniciativas editoriais.

A par destas tendências há uma característica que se mantém ao longo dos séculos XIX e XX: a concentração geográfica dos periódicos analisados. É evidente que esta distribuição não é um aspecto específico da imprensa de educação e ensino, mas antes o resultado de uma macrocefalia da capital e das assimetrias entre o litoral e o interior que marcam o desenvolvimento de Portugal nos últimos séculos. A tendência para a institucionalização e para o carácter prioritariamente nacional das iniciativas editoriais empreendidas terá, talvez, reforçado esta tendência, apenas atenuada fugazmente. A distribuição por distritos das publicações permite constatar as disparidades de uma imprensa que, na sua esmagadora maioria, é editada no litoral (cerca de 90% do conjunto dos periódicos), seguida de longe pelas cidades do Porto e de Coimbra (respectivamente, cerca de 12% e de 6% do conjunto dos periódicos).

As palavras anteriores mostram bem a importância de um instrumento de trabalho que permite apreender a realidade do campo educativo em toda a sua complexidade. Na verdade, é difícil encontrar um outro corpus documental que traduza com tanta riqueza os debates, os anseios, as desilusões e as utopias que têm marcado o projecto educativo nos últimos dois séculos. Todos os Actores estão presentes nos jornais e nas revistas: os alunos, os professores, os pais, os políticos, as comunidades... As suas páginas revelam, quase sempre "a quente", as questões essenciais que atravessaram o campo educativo numa determinada época. A escrita jornalística não foi ainda, muitas vezes, depurada das *imperfeições* do quotidiano e permite, por isso mesmo, leituras que outras fontes não autorizam.

Por outro lado, é através deste meio que emergem "vozes" que têm dificuldade em se fazerem ouvir noutros espaços sociais, tais como a academia ou o livro impresso. Basta ver, por exemplo, o papel extremamente activo desempenhado pelos professores do ensino primário na dinamização de jornais locais ou regionais, a importância crescente da imprensa de iniciativa dos estudantes ou a acção cada vez mais pública dos escritos produzidos pelas mulheres.

A imprensa é, provavelmente, o local que facilita um melhor conhecimento das realidades educativas, uma vez que aqui se manifestam, de um ou de outro modo, o conjunto dos problemas desta área. É difícil imaginar um meio mais útil para compreender as relações entre a teoria e a prática, entre os projectos e as realidades, entre a tradição e a inovação,... São as características próprias da imprensa (a proximidade em relação ao acontecimento, o carácter fugaz e polémico, a vontade de intervir na realidade) que lhe conferem este estatuto único e insubstituível como fonte para o estudo histórico e sociológico da educação e da pedagogia.

IMPRENSA PEDAGÓGICA E FORMAÇÃO CONTÍNUA DE PROFESSORES PRIMÁRIOS (1815- 1939)[1]

Pierre Caspard
Pénélope Caspard
(Institut National de Recherche Pédagogique - Paris)

A história da formação de professores repousa classicamente sobre a análise das instituições que, desde a década de 1820, se especializaram nesta função: as escolas normais. Privilégio, sem dúvida justificado, sobre o qual seriam necessárias três observações: 1) uma proporção não negligenciável de antigos normalistas deixavam de ensinar depois de um certo número de anos - "evasão" relativamente mal conhecida, mas certamente importante[2]; 2) muitos professores não eram formados nas escolas normais, em proporções variáveis em cada época - nos anos precedentes à I Guerra Mundial, era o caso da metade deles; 3) em todos estes casos, surgia um problema - e surge ainda: formação contínua de professores destinados a ensinar de 30 a 40 anos depois de sua passagem pelo "molde" (ou supõe-se isto) das escolas normais. Este último problema permite sublinhar uma fonte importante, ainda que pouco analisada, enquanto se apresenta como tal, pelos historiadores: a imprensa pedagógica, cujo papel é a formação contínua de professores. Ao fim da III República, um especialista do ensino primário observou que "a tarefa complexa e delicada que deve realizar o professor exige ser sem cessar renovada, posta em dia, atualizada, através da aquisição de novas informações e da aprendizagem de novos

1 Tradução de Maria Helena Camara Bastos. Revisão de Clélia Guimarães e Ellen Garber.

2 Um estudo recente analisou, a partir dos Boletins que são editados pelas suas associações, o destino de 3575 antigos alunos das escolas normais, entre sua saída da escola e sua aposentadoria: 72% são professores, 18% exercem outra profissão na Instrução pública,5% uma outra profissão sem relação com o ensino,aos quais pode-se juntar 5% de profissão desconhecida;os anos de observação são de 1887 a 1938. A porcentagem das alunas que permanecem como professoras é sem dúvida superior. Fonte: Christel Denis.*Rapport de stage de DEA*. INRP/Paris, 1988.

métodos. Além disso, o professor deve ser ajudado a resolver as incertezas que ocorrem a cada momento da sua tarefa cotidiana a partir de guias autorizados; para tanto, os jornais pedagógicos desempenham um papel capital".[3] Tentaremos, nas páginas que seguem, discernir as orientações e as ambições desta imprensa, assim como o papel que nela desempenharam os professores.[4]

I. "Dos Guias Autorizados ao Papel Capital": elementos de valor global.

Passando sistematicamente em revista o conjunto da imprensa pedagógica francesa publicada de 1815 a 1939 [5], encontramos 305 revistas, com o objetivo específico e principal de ajudar e de guiar os professores na sua prática de ensino. Sem nos estendermos sobre os princípios de seleção destes 305 títulos, foram selecionadas somente aquelas revistas que direcionam-se para o ensino primário público, urbano - voltado aos alunos de 6 a 13 anos -, excluindo todas as revistas: a) relativas aos setores, pré, peri- e pós- escolares; b) que tratam do ensino de categorias particulares (órfãos, doentes, cegos,etc.); c) que se dirigem aos professores do ponto de vista principalmente administrativo, sindical, corporativo, associativo, político ou cultural e mesmo às revistas que contêm também uma parte de ajuda profissional; d) dirigidas aos professores do ensino privado, católico, protestante, etc; e) para um público específico de professores das colônias ou de territórios sob dominação francesa.

O *corpus* assim definido não é homogêneo, mas pode-se distinguir três subconjuntos relativamente coerentes. O primeiro agrupa as revistas que colocam em primeiro plano uma reflexão

3 A. FERRÉ. "Un chapitre de morale profissionnelle: les journaux pédagogiques". **Revue pédagogique**, juillet 1939, p.17.

4 Este estudo é uma versão, revista e atualizada, de um artigo publicado no **Bulletins of the Faculty of Education**, n 25, Joensu (Finlande), 1988.

5 As 305 revistas que serviram de suporte para este estudo foram retiradas de um "corpus" de 2372 revistas pedagógicas recenseadas e analisadas pelo "Service d'histoire de l'éducation", por Pénélope Caspard-Karydis, André Chambon: **La Presse d'éducation et d'enseignement, XVIII s.-1940.Répertoire analytique**, sous la direction de Pierre Caspard. Paria:CNRS et INRP, 1981-1991, 4vol: A-C, 560p; D-J, 688p; K-R, 560 p;S-Z et supplément, 762 p.v

pedagógica e metodológica: pedagogia teórica ou geral relativa à criança, à escola, ao ensino, à instrução, eventualmente acompanhada de resumos históricos ou comparativos; pedagogia mais prática tratando das maneiras de ensinar: métodos e processos, didática específica das diferentes matérias ou disciplinas, tudo isso sob a forma de artigos, de conselhos, de discussões, de tribunas, de relação de conferências pedagógicas, de sumários de obras e manuais, isto é, extratos de outras revistas pegagógicas.

O segundo grupo oferece um conteúdo destinado principalmente a fornecer aos professores elementos diretamente utilizáveis no seu trabalho: curso e lições modelos nas diferentes matérias do programa; textos de deveres e exercícios, eventualmente acompanhados da correção, emprego do tempo, preparação e temas de "*Certificado de Estudos*". Enfim, ao último grupo de revistas se atribui o objetivo explícito da inovação, sob diversas formas: inovações "*curriculares*" visando promover matérias que mais freqüentemente se encontram na periferia imediata das disciplinas que figuram oficialmente nos programas, ou nas disciplinas do programa, mas com um *status* menor (ginástica, teatro escolar, história e geografia locais) ou inovação de "procedimentos" que visam à adequação pedagógica de novos meios de comunicação (cinema, disco, rádio,etc.), de novos espaços educativos (excursões, ar livre,etc.) ou de novos meios de ensino (museus escolares, imprensa,etc.); nesse mesmo grupo, pode figurar um pequeno número de revistas com uma visão inovadora global e sistemática, com características talvez militantes: trata-se de órgãos de associações ou movimentos que promovam uma pedagogia a serviço de uma concepção original de criança, de escola e de sociedade: o exemplo disso é a imprensa do movimento Freinet.

O conjunto de 305 revistas assim definido revela uma evolução global em que se encontram alguns dos momentos de articulação da história do ensino primário. As "criações" de revistas tiveram uma primeira e franca aceleração no decênio 1830-39, lei Guizot (1833). Esta vitalidade traduz todo um movimento de opinião favorável à escola, à instrução e à formação de professores. Esse ritmo não se mantém forte, particularmente durante o decênio 1850-59, que é o do Império

Autoritário.[6] Um segundo impulso (1880-90) acompanhado pelas leis de J. Ferry, é seguido por uma lenta recaída. Enfim, os anos entre as duas guerras conhecem um ritmo máximo de criação: perto de 5 revistas novas são criadas a cada ano.

Tabela 1. Criação de Revistas

	Pedagogia	Curso	Inovação				Total
			curricular	método	militante	tota	
1810-1819	2	1	0	0	0	0	3
1820-29	1	0	0	0	1	1	2
1830-39	12	7	1	0	1	2	21
1840-49	9	6	1	0	1	1	17
1850-59	0	6	0	0	0	0	6
Total	20	24	2	0	3	5	49
	49%	41%				10%	
1860-69	4	10	1	0	0	1	15
1870-79	5	7	5	0	0	5	17
1880-89	14	16	10	2	0	12	42
1890-99	6	15	6	3	1	10	31
1900-09	12	3	9	0	2	11	26
Total	41	51	31	5	3	39	131
	31%	39%				30%	
1910-19	6	2	13	2	0	15	23
1920-29	17	7	12	12	8	32	56
1930-39	8	4	11	19	4	34	46
Total	31	13	36	33	12	81	125
	25%	10%				65%	
Total	96	84	69	38	17	125	305

6 O período imperial em seu início caracteriza-se pela reação política e social, que segue o período do "Império Liberal", de 1860 a 1870; é surpreendente observar que a imprensa pedagógica reflete, de forma muito nítida, a conjuntura política geral.

A duração de vida média destas revistas é exatamente de 10 anos (10,1), seja qual for a categoria à qual elas pertençam. Esse número constitui uma média entre as revistas efêmeras, que duraram menos de dois anos (um terço do total estão neste caso), e outras cuja longevidade transformou-as em verdadeiras instituições: 6,3 % das revistas vivem mais de trinta anos - os recordes são do ***Journal d'éducation*** (1815-1926), o ***Manuel Général de l'Instruction primaire*** (1832-1939), o ***Journal des instituteurs*** (1858-1939) e a ***Revue pédagogique*** (1879-1939).

Estabelecido o balanço entre a criação e o desaparecimento das revistas - e se pensarmos em termos de estoque - vemos (Tabela 2) que o número total de revistas disponíveis a cada ano teve um crescimento: antes de 1830, os professores não tiveram à sua disposição mais que uma ou duas revistas profissionais; de 1830 a 1879, lhes são oferecidas de oito a doze revistas em média, umas trinta depois de 1880 e, após 1920, mais de cinqüenta.

Essa abundância editorial sempre surpreendeu os observadores. Em 1889, o diretor do Museu Pedagógico, A. Beurier julgou-a "surpreendente"; ainda em 1939, A. Ferré escreveu que ela constituía um "elemento de surpresa, de vontade e de admiração". Em todo caso, parece pelo seu próprio conjunto, que esta imprensa desempenhou necessariamente um papel importante na formação contínua de professores. Assim, tendo uma vida média não negligenciável, estas revistas não chegam a atingir um público exclusivo. Se 30% delas são departamentais, regionais e até locais, 70% endereçam-se ao conjunto de professores da França. 31% são editadas por editores comerciais, entre os quais figuram os maiores nomes de editores escolares e, por vezes, da edição em geral: Hachette, Delagrave, Belin, Dupont, Nathan, Hatier, Larousse, Alcan,etc. As outras são editadas por associações de natureza diversa (da simples associação regional até poderosas instituições, como a Sociedade pela Instrução Elementar ou a Liga do Ensino), pela administração pública e por diversos estabelecimentos públicos (criado em 1879, o Museu Pedagógico, ancestral do INRP, publicou uma dúzia de títulos até 1939, entre estes a famosa ***Revue Pédagogique*** (1878-1939)), ou ainda por indivíduos pouco conhecidos, mais freqüentemente professores , algumas vezes livreiros, literatos, jornalistas.

Tabela 2 - Estoque de Revistas Existentes
(média anual por decênio)

	Pedagogia	Curso	Inovação				Total
			curricular	método	militante	total	
1810-1819	0,8	0,3	0	0	0	0	1,1
1820-29	1,2	0	0	0	0,2	0,2	1,4
1830-39	6,1	1,9	0,1	0	0,5	0,6	8,6
1840-49	7	4,4	0,2	0	0	0,2	11,6
1850-59	5,1	2,9	0	0	0	0	8
1860-69	5	5,2	0,1	0	0	0,1	10,3
1870-79	5,2	4,6	1,9	0	0	1,9	11,7
1880-89	8,9	11	5,7	0,3	0	6	25,9
1890-99	9,6	18,2	6,7	0,6	0,1	7,4	35,2
1900-09	9,8	15,2	9	1	1,4	11,4	36,4
1910-19	9,5	9,2	12,7	1,6	1,1	15,5	34,2
1920-29	15	11,5	15,6	4,9	4,5	25	51,5
1930-39	15,5	10,6	15,1	11,5	6,9	33,5	59,6

As tiragens dessas revistas são raramente conhecidas - quando conhecidas, atingem às vezes níveis impressionantes. Ao ***Bulletin de l'Association coopérative des instituteurs de l'arrondissement de Barbezieux*** [7], com tiragem de cento e vinte exemplares em 1924, podemos opor muitas tiragens bem mais consideráveis, como a de ***L'Instituteur primaire*** (Belin,1879-1900: 20.000 ex.); ***L'Instituteur républicain*** (1907-1914: 25.000 ex.); ***Le Nouveau certificat d'études primaires*** (Delagrave, 1918-1940: 37.000 ex.) ou ***Le Progrès de l'école*** (1883-1884: 40.000 ex.), cifras admiráveis se pensarmos que de 1890 a 1939 o número de

7 Barbezieux, no Departamento de Charente, próximo de Cognac, conta hoje 5.000 habitantes.

professores e professoras públicas não ultrapassava a centena de milhar, e que cada escola já recebia gratuitamente o ***Bulletin de l'instruction primaire*** de seu departamento, que era freqüentemente nessa época um importante recurso pedagógico.[8] Com o decorrer dos anos, a trajetória tomada respectivamente por esses três tipos de revistas evoluiu de maneira significativa, permitindo caracterizar três fases sucessivas.

II. As três idades da Pedagogia

Um primeiro período cobre os primeiros decênios do século XIX até o fim da década de 1850. É o primado dos jornais de pedagogia geral (cf. Tabela 1 e 2). O contexto é o de uma enorme e intensa transferência de responsabilidades das comunidades e da Igreja para o Estado, na organização do ensino primário. Os pedagogos emergentes, intelectuais orgânicos da instituição escolar, fazem da imprensa profissional um vetor privilegiado da popularização de suas idéias. Além disso, esses anos são de uma reflexão pedagógica intensa, aplicando-se a problemas tanto de ordem teórica (o período vê principalmente o nascimento da História da Educação e da Educação Comparada) como de ordem prática (notadamente em torno dos modos e dos meios de ensinar). Os dois terços de revistas existentes neste período (cf. Tabela 3), prendem-se, principal ou exclusivamente, à exposição dos debates, nos quais universitários e políticos participam ativamente.

Tabela 3: Proporção de Revistas Disponíveis, por Gênero e por Período

	Pedagogia	Curso	Inovação	Total
1815-1859	65,8%	30,9%	3,2%	100
1860-1909	32,2%	45,3%	22,4%	100
1910-1939	27,5%	21,5%	50,9%	100

O segundo período, que cobre os anos de 1860 a 1909, vê triunfar a preocupação com uma organização rigorosa das

8 Os 90 boletins departamentais não são considerados neste presente corpus: seu objetivo primeiro era de ordem administrativa.

práticas de ensinar, pelo menos num plano tríplice: agenciamento estrito de cursos e de classes no interior de um sistema destinado a formar um todo harmonioso e limitado a si mesmo [9]; definição de conteúdos de ensino visando dar às crianças do povo um conhecimento sumário mas enciclopédico do mundo, fazendo todos esses homens e cidadãos respeitadores de uma moral racional, laica e republicana; invenção, enfim, de toda uma panacéia de exercícios escolares que permitem a aquisição e o controle dos conhecimentos e atitudes: problemas, redações, ditados, narrações, resumos, recitações, etc.O primado do exercício se encontra de forma acentuada, a partir dos anos 1880, pela importância atribuída aos certificados de estudos e a sua preparação, que afeta o conjunto das classes de primário.[10]

Devemos ver, através do exercício e do exame, o efeito de um movimento que - como sempre - afeta ao mesmo tempo o interior e o exterior da escola. Interior é a afirmação do valor formativo intrínseco de exercícios bem concebidos, isto é , que excluem, em princípio, a repetição mecânica e a pura memória.[11] Exterior é a aplicação efetiva, por uma massa de empregos cada vez maior no nível médio e inferior da economia, dos serviços e da administração, do princípio do recrutamento meritocrático, por exames e concursos, outrora afirmados pela Revolução. Acessoriamente - mas significativamente - os exercícios escritos aparecem também como um meio privilegiado de avaliação da performance da própria instituição escolar, ou seja, uma avaliação comparativa de sistemas escolares em diferentes países: são exibidos os trabalhos dos alunos em *Exposições Universais* - F. Buisson publicou, por exemplo, vários e imensos volumes de

---

9 Diferenciando-se dos períodos ,anteriores e posteriores,a imprensa se dirige exclusivamente aos professores primários,com a exclusão de todo outro público (família, professores de outros níveis)

10 O certificado de estudos sanciona o fim do primário, entre a idade de 12 ou 15 anos. A (melhor) metade dos alunos se apresentaram, e a preparação dos mesmos mobiliza boa parte da energia dos professores.

11 Sobre o papel crescente dos exercícios nesta época, verP.Caspard (dir). **Travaux d'éleves.Pour une histoire des performances scolaires et de leur évaluation,XIX-XX siècles**. Num. spécial de *Histoire de l'éducation*.Paris,INRP,1992. 192p.

"Trabalhos Escolares" franceses e estrangeiros, etc.[12] As revistas pedagógicas do período participam intensamente deste movimento, pela posição que atribuem aos enunciados de exercícios e à publicação de deveres-modelos, que constituem cada vez mais a trama de todo o trabalho de preparação da classe pelo professor. [13]

Resumindo, durante esse período, cerca de metade das revistas destinadas aos professores (45,3%) dedicam-se principalmente a serem guias cotidianos, enquanto que a percentagem de revistas de reflexão pedagógica cai pela metade. Enfim, um quarto das revistas, e este é um fenômeno inteiramente novo, tendem a promover as inovações pedagógicas previamente definidas: este crescimento que se impõe já anuncia o período seguinte.

O terceiro e último período cobre os anos de 1910- 1939. Estas três décadas caracterizam-se pela atenção dada à invenção e à inovação pedagógica em todas as suas formas. As revistas que davam uma ajuda cotidiana ao professor reduzem-se em mais da metade, descendo a 21,5% do total (em estoques) e a 10% (em criação); parece que a escola primária passa a ser , a partir desse momento, bastante segura de sua organização pedagógica, de seus conteúdos e métodos: a grande maioria de professores em exercício entre as duas grandes guerras, a partir de então, foram formados nas escolas normais da República.

Por outro lado, justificativas ou contestações de origens diversas aparecem. Umas provenientes, mecanicamente, da reação a certos excessos do período precedente: assim, pretende-se denunciar a aplicação irrefletida, pelos professores preguiçosos, dos modelos que lhes fornecem as revistas. Outras decorrem dos trabalhos sobre a psicologia da criança, a sociologia da educação, a docimologia e, mais geralmente, as *"ciências da educação"* que se afirmam depois do início do século: numerosas revistas fazem

12 F. Buisson: *Devoirs d'écoliers américains recueillis à l'Exposition de Philadelphie (1876).* Paris,1877; *Devoirs d'écoliers français recueillis à L'Exposition universelle de Paris(1878).*Paris,1879; *Devoirs d'écoliers étrangers recueillis à L'Exposition universelle de Paris (1878).* Paris,1879.

13 Isto é válido também para o ensino secundário. Por exemplo, quando se cria o ensino secundário para moças (1880), a "Revue L'Enseignement secondaire des jeunes filles",consagra muita energia em "inventar" assuntos adaptados a esta nova população escolar.

eco de seus trabalhos, e preconizam as mudanças pedagógicas que lhes parecem procedentes. Um terceiro recurso de justificativa reside nas inovações que invadem a sociedade em geral em matéria de mídia, tais como o cinema ou o rádio, para os quais existe a preocupação imediata de utilizá-los a serviço da escola. Enfim, o contexto sócio-político e ideológico do período, nos planos nacional e internacional, é favorável, por si mesmo, à inovação pedagógica: comunismo, socialismo, sindicalismo, fascismo, pacifismo suscitam adesões ou reações nos professores, nisso se entendendo o exercício de sua profissão, cujo sentido e prática é então mudado. Em conseqüência, passa para segundo plano a luta contra o clericalismo; a partir de então as manifestações escolares tomam sobretudo a forma de uma emulação na conquista de lazeres para os jovens por meio de obras péri-escolares e movimentos da juventude. [14]

No conjunto, esta *imprensa inovadora* representa, a partir de então, mais da metade das revistas em estoque e quase dois terços em criação: a decolagem entre as duas cifras mostra o seu dinamismo, mas também sua relativa fragilidade, pela insuficiente sustentação institucional. Ela exerce sua ação em diferentes direções. Um primeiro conjunto de revistas trata de conteúdos de ensino numa tríplice perspectiva: *promoção curricular* que visa à defesa e ilustração das matérias de ensino julgadas como excessivamente abandonadas: desenho, música, ginástica, trabalhos manuais, higiene; *criação curricular*, que se propõe a introduzir os ensinamentos não previstos pelos programas: as atividades dos esperantistas e dos estenógrafos são particularmente ativas, estes últimos algumas vezes estando ligados com os promotores de uma reforma da ortografia; *"invasão curricular"*, que tenta modificar as disciplinas tradicionais ou dar-lhes um conteúdo parcialmente novo ou original: assim, numerosas revistas propõem-se a promover a história e a geografia local, ou a história e a geografia do Império Colonial Francês; outras procuram introduzir na escola o pacifismo, a Bíblia (laicizada) ou o antialcoolismo. Essas diversas tentativas respondem eventualmente às diretrizes oficiais, como as de 22 de setembro de 1898 ou de 25 de fevereiro de 1911, que

14 Uma imprensa super abundante se interessa pela criança "antes" ou "em torno" da escola.

encorajaram os estudos locais.

Um segundo conjunto de revistas inovadoras concentra-se mais nos meios e nos métodos. Meios ténicos, antes de quaisquer outros: entre as duas grandes guerras existem pelo menos 23 revistas que se interessam especificamente pelo audiovisual escolar - cinema sobretudo, mas também outras formas de projeção, fonógrafo, rádio. Enquanto elas se abrem (ou tentam se abrir) às novas técnicas de comunicação, a escola procura também sair de seus muros: perto de uma dezena de revistas encarrega-se especificamente de promover o excursionismo, as colônias de férias ou as atividades ao ar livre. Enfim, os anos 1920- 1939 vêem a explosão das idéias de Profit sobre a cooperação escolar: não menos que oito revistas se encarregam de popularizar essas idéias.

Mas a cooperação escolar é mais que um simples método pedagógico. Ela já é portadora de um projeto mais global, que a aproxima de um último conjunto de revistas, exprimindo as teorias de movimentos pedagógicos organizados, "*Escola Moderna* " ou "*Escola Nova* ": entre as duas guerras, mais de doze revistas importantes (não incluindo os boletins regionais ou de ligação), propagam as idéias de Freinet, Decroly ou Ferrière.

III. Os Atores

Entre os autores de toda esta literatura periódica, podemos identificar cinco grupos principais de atores: os professores do ensino primário, os professores do ensino médio, os professores de Universidade, inspetores (departamentais e gerais) e outros (políticos, médicos, etc.)

No total, essas revistas beneficiam-se de uma colaboração maciça dos professores primários: é o caso de mais de 83% entre elas, 33% são colaborações dos inspetores; 30% dos professores do ensino médio; 20% são dos universitários; 13% de colaboradores diversos (total superior a 100; cf. Tabela 4). Essas percentagens variam de acordo com os períodos e as categorias das revistas.

TABELA 4 : COLABORADORES DA IMPRENSA PROFISSIONAL

	Pedagogia	Curso	Inovação	Média
Prof. Primários	85%	84%	80%	83%
Prof. Secundários	23%	32%	35%	30%
Prof. Universitários	23%	17%	20%	20%
Inspetores	40%	33%	27%	33%
Diversos	12%	8%	16%	13%

De um tipo de revista a outro, a contribuição dos professores primários permanece quase idêntica (de 80 a 85%). Ela se situa, então, em um nível elevado, observação válida para as revistas que tratam tanto dos conteúdos quanto dos métodos, da pedagogia geral quanto das práticas de ensino, numa perspectiva de tradição ou inovação: no decorrer do período, os professores primários aparecem como atores privilegiados de sua própria formação contínua. A reflexão pedagógica pode, por outro lado, tomar a forma de uma socialização profissional particular: numerosas são as pequenas revistas editadas pelas associações departamentais de professores primários, que têm como objetivos *"cooperação"* ou o *"auxílio mútuo pedagógico"*, o que lhes permite *"lutar contra o isolamento"*, reunir-se e trocar reflexões, eventualmente sob a tutela da administração acadêmica. [15]

Os outros atores participam da redação das revistas de uma maneira mais diferenciada.Os inspetores (sobretudo departamentais) colaboram para isso mais freqüentemente, ao lado dos professores primários, eles intervêm mais nas revistas de reflexão pedagógica (10%), do que naquelas que publicam cursos e exercícios (33%) ou nas revistas inovadoras (27%), embora o seu papel não possa ser mais negligenciável nessa última categoria. A participação dos professores e dos atores diversos é inversa à dos inspetores: eles aparecem sobretudo como agentes da inovação curricular ou metodológica: fora, uns e outros, da instituição primária, desempenham um papel privilegiado nas tentativas de introdução de conteúdos ou de

15 As revistas de associações de antigos alunos das escolas normais têm um papel muito próximo. A maior parte das escolas normais editou uma revista, cf. o ***Répertoire***, op. cit., T. IV, pp. 375-391, que assinala cerca de 120 títulos.

meios de ensino externos, ensino secundário ou superior.

Entre 1815 e 1939, essas diversas intervenções evoluem, por outro lado, de uma maneira significativa. Durante o primeiro período (1815- 1859), os inspetores que escrevem para a imprensa profissional são proporcionalmente menos numerosos. Criada em 1835, a inspeção escolar primária leva um certo tempo para impor seu magistério pedagógico nestas revistas para as quais, em revanche, colaboram numerosos atores exteriores à Instituição: políticos, literatos e jornalistas, eclesiásticos, filantropos. A escola primária aparece então como um domínio de intervenção relativamente aberto: sua organização, suas finalidades, seus métodos estão no centro de um debate bastante intenso, em que se misturam considerações filosóficas, políticas ou religiosas.

O segundo período (1860-1909) vê uma *"profissionalização"* e uma *"primarização"* da imprensa pedagógica. Ao lado dos professores primários, então um pouco mais numerosos que antes, os inspetores adquirem uma posição decisiva, em detrimento dos demais professores e atores externos. Mantém-se os universitários, que intervêm, sobretudo, nas revistas de Pedagogia Geral e Teórica, e nas que expõem os resultados de todas as novas Ciências da Educação.

Enfim, o último período (1910- 1939) vê uma sensível reabertura do *"bloco primário"*, anteriormente constituído. Professores, universitários, psicólogos, médicos, artistas, escritores ou políticos intervêm mais numerosamente, ao lado dos professores primários. Sinal de que a escola, a partir deste momento segura dos métodos que forja, pode abrir-se a novos horizontes. Sinal, também, de que inversamente o primário não se constitui mais num fim em si mesmo, e de que ele é responsável pelas respostas às sugestões vindas de outros níveis de ensino ou de formação (e não somente dos que lhe são muito próximos: pré, péri- e pós-escolares) e pelas interrogações - de ordem política, social, técnica - vindas da sociedade em geral.

Esse esboço de análise serial da imprensa profissional destinada aos professores primários faz incidir uma nova luz sobre a história dos conteúdos e dos atores da formação contínua de professores. Portanto, ele poderia ser ampliado em várias direções: fazer análise qualitativa mais detalhada do conteúdo das principais revistas em questão; levar em conta as centenas de revistas que, a partir de uma outra visão não educativa - administrativa, sindical, cultural - concorreram de maneira mais ou menos importante para formar e refletir as práticas de ensino; obter uma perspectiva comparativa, enfim, que permita dar início à separação entre o que, nessa história da imprensa, se destaca para os contingentes nacionais ou para problemas comuns da formação de professores, no plano internacional.[16] No entanto, da forma que se apresenta, o esboço pode contribuir para uma história da formação, procurando identificar melhor, ao mesmo tempo, os atores e os objetivos visados, em função da conjuntura não somente pedagógica, mas também social, técnica ou política. Abundante e diversa, a imprensa pedagógica é um *midia* muito mais interativo que os tratados ou os manuais e dessa maneira constitui um dos melhores observatórios do movimento social na obra da escola e da formação.

16 Para uma comparação internacional, reportar-se notadamente à: M. DeVroede (Dir): **Bijdragen tot de Geschiedenis van hey Pedagogisch Leven in Belgie**. Leuven, Leuven University Press, 1973-1987, 4vol; ou à A. Nóvoa (Dir). **A Imprensa de Educação e ensino. Repertório analítico (séculos XIX-XX)**. Lisboa, Instituto de Inovação Educacional,1993, 1061 p.

AS REVISTAS PEDAGÓGICAS E A ATUALIZAÇÃO DO PROFESSOR : *A REVISTA DO ENSINO DO RIO GRANDE DO SUL* (1951- 1992)

Maria Helena Camara Bastos
(Universidade de Passo Fundo
e Universidade Federal do Rio Grande do Sul)

Introdução

No IV Congresso Nacional de Professores Primários, realizado em Belém do Pará, de 6 a 13 de janeiro de 1964, a Prof. Maria de Lourdes Gastal, diretora da **Revista do Ensino**/RS, apresenta, e vê aprovada, a proposta: *"As Revistas Pedagógicas e a atualização do Professor"*. [1]

A equipe responsável pela elaboração desta tese[2] defende a imensa contribuição da imprensa - "convertida cada vez mais, na grande aliada do professor na sistematização do ensino". Utiliza como argumentos para embasar sua proposta: a insuficiência do curso de formação de professores para embasar de conhecimentos o professor; a dificuldade do professor em freqüentar cursos de especialização; o custo elevado dos livros, bem como a dificuldade de tradução de livros estrangeiros; a superação em curto prazo do livro didático pela descoberta de novas técnicas de ensino; a carência de ofertas de cursos de atualização para o professor.

Para a equipe, estes problemas encontraram "uma solução na forma das revistas técnico-pedagógicas". Nesta perspectiva, seria um recurso viável e indispensável para a atualização e aprimoramento do professor "que atua com responsabilidade": por apresentar grande variedade de assuntos em suas diversas seções; por apresentar as diretrizes que regem as mais modernas

1 GASTAL, M. de Lourdes (coord). "As Revistas Pedagógicas e a atualização do Professor". **Revista do Ensino**, RS, v.13, n. 99, p. 55-57, 1964.

2 Maria de Lourdes Gastal, Flávia M. Rosa, Ercila T. Ambros, Ester Malamut, Maria Aparecida Grendene, Valmiria Piccinini, Maria Beatriz Eymael, Cláudia Strauss, Paulina Vissoky.

técnicas de ensino; por conter notícias e comentários sobre cursos de atualização; por traduzir e adaptar artigos estrangeiros de interesse; pelas sugestões de atividades práticas apresentadas de maneira clara e convincente; pela oferta de material didático em forma de cartazes e painéis, auxílio valioso e de grande utilidade; pelas ilustrações apresentadas que facilitam a leitura e a compreensão dos conteúdos; pelo custo realmente acessível, dentro, portanto, das possibilidades econômicas do magistério; preenchendo as necessidades não só do professor formado, mas também do aluno de escola normal, que tem necessidade de material farto e variado para as suas pesquisas durante o curso.

Finalizando esta argumentação, a equipe sugere que o professor "sentindo a necessidade e consciente do valor de uma **Revista Técnico-Pedagógica**, prestigie as publicações já existentes, utilizando-as e exigindo sua continuidade", ou seja, que se faça usuário e assinante da **Revista do Ensino**, garantindo-lhe a sua permanência nos meios educacionais.

Esta fala explicita a intenção e os objetivos de quem edita uma revista pedagógica, desde 1951, enfrentando inúmeros desafios e atravessando diferentes etapas e crises, para solidificar sua presença em âmbito nacional. E que tem consciência do papel da imprensa periódica pedagógica como dispositivo de orientação - intelectual e moral - do magistério, como um guia prático do cotidiano educacional e escolar: "o professor primário encontre um real auxílio para que possa atuar positivamente junto à criança."

O estudo do lugar da imprensa pedagógica no discurso social, as estratégias editoriais face aos fenômenos educacionais e sociais, revela-se rico de informações ao pesquisador, para o resgate do discurso pedagógico, das práticas educacionais, do cotidiano escolar, do grau de submissão dos professores aos programas e instruções oficiais, da ideologia oficial e do corpo docente, da força de inovação e de continuidade que representa, das contradições do discurso.

Caspard [3] considera que a imprensa pedagógica "constitui um meio indispensável para o conhecimento do que é o sistema de ensino, o que ele representa, por exemplo, no espaço onde se

---

3 CASPARD-KARYDIS, P. et alii. **La Presse d'education et d'enseignement, XVIII Siécle- 1940**. Paris: INRP/Cnrs, 1981. T.1, p.8

desenvolve e onde se localizam todos os sistemas, teorias e práticas educacionais, de origem tanto oficial quanto privada. (...) Entre as normas impostas pelo poder central e a prática cotidiana, ao nível de classe, a leitura da imprensa pedagógica permite discernir o que se passa ou não, do centro até a periferia (ou do alto até embaixo), revelando, assim, as reticências ou os boicotes que opõem à instituição escolar as diretrizes que recebe. Inversamente, esta imprensa revela a força de inovação e de proposição que pode receber do sistema".

A imprensa pedagógica - jornais, boletins, revistas, magazines, feita por professores para professores, feita para alunos por seus pares ou professores, feita pelo Estado ou outras instituições como sindicatos, partidos políticos, associações de classe, Igreja - contém e oferece muitas perspectivas para a compreensão da história da educação e do ensino. Sua análise possibilita avaliar a política das organizações, as preocupações sociais, os antagonismos e filiações ideológicas, as práticas educativas. Ognier refere-se à imprensa pedagógica como um *corpus* documental de vastas dimensões, constituindo um testemunho vivo dos métodos e concepções pedagógicas de uma época e da ideologia moral, política e social de um grupo profissional; (...) sendo, assim, um excelente "observatório", uma "fotografia" da ideologia que preside.[4]

A imprensa periódica pedagógica é um instrumento de pesquisa que se apresenta como importante fonte de informação para a história da educação, que deve, enquanto tal, submeter-se ao crivo de uma adequada crítica documental. Mariani, ao abordar como o discurso da imprensa constrói a memória, afirma que a "análise desse discurso se faz importante e necessária, já que esta, enquanto prática social, funciona em várias dimensões temporais simultaneamente: capta, transforma e divulga acontecimentos, opiniões e idéias da atualidade - ou seja, lê o presente - ao mesmo tempo que organiza um futuro - as possíveis consequências desses fatos do presente - e, assim, legitima, enquanto passado - memória - a leitura desses mesmos fatos no

4 OGNIER, P. L'ideologie des foundateurs et des administrateurs de L'Ecole Républicaine à travers de la "Revue Pédagogique", de 1878 a 1900. **Revue Française de Pedagogie**. Paris,(66): 7-14, jan/fev/mars 1984

presente futuro".[5]

Catani, ao estudar as iniciativas dos professores na produção e circulação de informações sobre o ensino, afirma que os periódicos pedagógicos oferecem "farto material acerca das práticas escolares e do ensino específico de disciplinas, o que permite estabelecer um dos elos da história das práticas e disciplinas escolares. Além disso (...) pode trazer elementos férteis para a compreensão histórica do sistema de ensino e colocar novas questões acerca da cultura escolar brasileira".[6]

O estudo da produção discursiva de periódicos pedagógicos permite ao pesquisador um significativo material, possibilitando "entrever os processos discursivos que atuam na perpetuação e cristalização de determinados sentidos em detrimento de outros"; as representações da vida escolar veiculadas e os projetos de intervenção educacional nela articulados.

O presente estudo pretende apresentar a história da produção do periódico **Revista do Ensino**, editado no Rio Grande do Sul, de 1951 a 1992, e analisar os projetos político-pedagógicos que circularam nos meios educacionais e moldaram a educação no Rio Grande do Sul. Vinculada à Secretaria de Educação e Saúde Pública, desde setembro de 1939 [7], a revista procurava ser para o seu público-leitor - magistério rio-grandense - um veículo das orientações didático-pedagógicas, da legislação do ensino, de notícias educacionais, em suma, da política educacional. Durante os anos de sua publicação constituiu-se num significativo instrumento de propagação da doutrina pedagógica oficial; tribuna para diferentes especialistas, que expuseram seus pensamentos, refletindo o movimento de idéias, em nível regional e nacional. Neste sentido, pretende-se analisar a seção **Falam os Educadores Brasileiros** - por ter sido inserida no projeto editorial com a intenção de dar um caráter nacional à publicação,

---

5 MARIANI, B. "Os primórdios da imprensa no Brasil (ou: de como o discurso jornalístico constrói a memória)". In: ORLANDI, E. **O Discurso Fundador**. São Paulo: Pontes, 1993, p.33.

6 CATANI, D. **A imprensa pedagógica periódica e a constituição do campo educacional paulista**. SBPC/Anais. 1992. p.269.

7 Sobre a **Revista do Ensino** no período de 1939 a 1942, ver BASTOS, M.H. **O novo e o nacional em Revista: a Revista do Ensino do Rio Grande do Sul (1939-1942)**. São Paulo, USP, 1994. (tese)

constituindo um discurso sobre a educação brasileira e para normatizar e homogeneizar determinados princípios e práticas docentes e escolares.

As Primaveras da Revista do Ensino [8] *: história de um projeto editorial (1951- 1992)*

Em setembro de 1951 a **Revista do Ensino** volta a circular, após nove anos de interrupção, como iniciativa das professoras primárias Maria de Lourdes Gastal, Gilda Garcia Bastos e Abigail Teixeira, com a intenção de "preencher o lugar vazio que havia junto ao professor primário, estagiário ou não", bem como aspiravam que a 'educadora jovem e idealista " encontrasse nas suas páginas a solução para "resolver os árduos, porém sublimes, problemas de seu mister". Voltada, preponderantemente, a orientar o professor primário rio-grandense, divulgando diretrizes técnico-pedagógicas, material didático e legislação relativa ao ensino. O Editorial do primeiro número dessa fase, intitulado "Grandes Sonhos", reforça os objetivos do novo projeto de "servir à coletividade divulgando experiências e saber comum ao magistério".

Com o apoio institucional da Secretaria de Educação e Cultura/RS e, por um breve período como propriedade privada (1956), em 11 de dezembro de 1956 passa a ser uma publicação oficial sob a supervisão técnica do Centro de Pesquisas e Orientações Educacionais - CPOE/RS, divulgando as orientações pedagógicas deste centro de pesquisa.

Anísio Teixeira, em artigo intitulado "O Senso de Público" no Rio Grande", assim se refere a esta alteração: "A **Revista do Ensino** era particular e hoje é publicada pelo Estado. Não se sente nenhuma diferença. Pública era ela antes, embora editada pela Livraria do Globo, e pública é hoje, embora editada pelo Estado. O público no Rio Grande do Sul não é o "oficial", mas o que visa ao público, o que serve ao público... ".[9]

O CPOE/RS, além de editar a **Revista do Ensino** para professores, publica a revista infantil - **Cacique**, destinada aos

8 Este título foi retirado do Editorial da **Revista do Ensino**, outubro/ 92.

9 TEIXEIRA, Anísio "O Senso de Público no Rio Grande". In: **Revista do Ensino**, RS, 6 (44): 2, maio/57.

alunos [10] e o **Boletim do CPOE**, publicado a cada dois anos, de 1947 a 1966, com as orientações, pesquisas, legislação, bibliografia, provas escolares, que resultaram de trabalhos no Centro.

A **Revista do Ensino**, ao longo deste período de 1951 a 1978 (2ª fase), busca ser um instrumento técnico-pedagógico de atualização permanente do magistério, elevando o nível qualitativo dos profissionais da educação, através da divulgação de experiências pedagógicas, da realidade da educação e do ensino, como apoio ao conteúdo das diferentes áreas que compunham o currículo do ensino elementar, e, posteriormente, do 1° grau. A partir de 1971, com a reforma do ensino pela Lei n° 5.692, a revista amplia sua área de abrangência para os outros níveis de ensino.

Em seus 26 anos, a Revista publicou 170 números, com oito a dez números anuais [11] , com uma média de 80 páginas de material informativo didático-pedagógico. Com uma tiragem inicial de 5.000 exemplares, atingiu a marca de 50.000 exemplares, conforme o quadro abaixo, no início da década de 60. Este dado é altamente significativo se compararmos com outras revistas pedagógicas do período. Em 1957, é publicada a **Lista de Revistas Pedagógicas Brasileiras**,organizada pelo INEP, por solicitação da UNESCO, onde são destacadas as tiragens de algumas revistas, como: **Revista Brasileira de Estudos Pedagógicos**/INEP, com tiragem de 2.000 ex.; **Revista do Professor**/ São Paulo, com 12.000 ex. Nesta época, a **Revista do Ensino** já tem uma tiragem média de 20.000 exemplares.

A **Revista** circula através do sistema de venda avulsa e por assinatura, atingindo todo o território nacional, e vários países. De uma publicação regional passa a ser nacional, tendo representantes e escritórios em diversos Estados, e no Exterior,

---

10 BASTOS, M.H. "Imprensa pedagógica rio-grandense: **Cacique - a revista da garotada gaúcha** (1954-1963)". In: **Educação**, PUC/ RS Porto Alegre, v. XVII, n. 27, p. 85-100, 1994.

11 De 1951 a outubro de 1961 são publicados oito números anuais, correspondentes ao período de março a junho e agosto a novembro. De 1962 a 1967, publica dez números por ano, de março a dezembro. Em 1968, a revista volta a ter oito números publicados por ano. Esta periodicidade não será sempre respeitada, havendo anos em que são publicados quatro, seis números.

contando também com colaboradores nacionais. Através da seção "O Que dizem da **Revista do Ensino**", publica opiniões dos vários leitores espalhados pelo país. Na **Revista** de número 41 é publicada uma reportagem sobre "A **Revista do Ensino** na opinião dos educadores paulistas" , que inicia com a seguinte afirmação: "a **Revista do Ensino**, pelo seu alto valor, já não pertence aos professores gaúchos, porque é patrimônio do professorado brasileiro". A Prof. Corália Porto, no artigo "**Revista do Ensino** que nasceu para ficar", afirma que a mesma é mais que uma publicação nacional, pois permuta com revistas pedagógicas de vários países, contando com assinaturas na América do Norte, Central e do Sul, Europa e África Portuguesa. Na década de 60, a revista atingiu 26.000 assinaturas. Em 1975, os dados da editora Ema indicam o cadastramento de 1.500 assinaturas e uma tiragem de 5.000 exemplares, o que prenuncia o ocaso de sua publicação.

Quadro 1: Tiragem da Revista do Ensino (1951-1978)

ANO	TIRAGEM	ANO	TIRAGEM
1951	5.000	1964	50.000
1952	10.000	1965	40.000
1953	12.000	1966	
1954	15.000	1967	
1955	18.000	1968	25.000
1956	18.000	1969	25.000
1957	18.000	1970	25.000
1958	18.000	1971	55.000
1959	20.000	1972	55.000
1960	25.000	1973	55.000
1961	30.000	1974	5.000
1962	50.000	1975	5.000
1963	50.000	1976	5.000
		1977-78	

A tiragem é um significativo indicador da repercussão da revista no meio educacional, regional e nacional. Também, pode ser considerada como um importante, e muitas vezes único, meio de (in) formação à disposição do professor e de utilização na sua prática cotidiana, como pode-se observar nas cartas enviadas pelos leitores e publicadas: "como professora primária, vivo uma constante preocupação de procurar livros que tornem o ensino mais claro e interessante.(...)Esta revista é completa e será para todas quantas se dedicarem ao magistério uma auxiliar perfeita, tornando o ensino preciso e eficiente; ...vem preenchendo uma lacuna, fornecendo ao nosso magistério uma coletânea de bons e selecionados artigos educacionais. Não permanecem num plano unicamente teórico apontando 'como deve ser'. Foi além, mostrando o que se faz e 'como se faz' no campo da atual pedagogia. Traz um punhado de sugestões para o professorado idealista e consciente, tanto no setor primário como do pré-primário".

A **Revista** publica um suplemento didático descartável, com orientação para o seu aproveitamento como recurso visual em sala de aula, a partir do número 48, de 1957. Cada suplemento gráfico abarca temas específicos: Plano para a organização de uma biblioteca escolar; Profissões a serviço da comunidade; Acontecimentos históricos do Brasil-Colônia; Um mapa é uma representação plana da terra; Animais em seu habitat; Você conhece os símbolos da nossa Pátria. A partir do n°58, de 1959, o suplemento didático é mensal, com orientação para o seu aproveitamento no corpo da revista. É também editado o "Índice Cumulativo", abrangendo a matéria publicada do n°1 até o n° 168, em 13 volumes.

A **Revista do Ensino** volta-se a dar orientação didático-pedagógica aos professores do ensino primário e pré-primário, através de sugestões de planos de aula, atividades práticas, trabalhos manuais, música, poesias, sugestões de recursos de ensino. Procura auxiliar o professor no dia a dia da sala de aula, trazendo o "fato histórico do mês, calendário do mês, galeria histórica, exercícios, riquezas do Brasil", isto é, fornecendo subsídios de ensino de aplicação imediata em sala de aula, dirigindo o cotidiano da escola primária. O "sucesso" da Revista parece ter residido nesta característica de fornecer farto material didático ao professor, junto com orientações metodológicas, conforme podemos depreender destas falas: "o motivo maior do interesse que a Revista desperta, no Brasil, é o cunho prático e útil de suas seções, fornecendo ao professorado, periodicamente, soma apreciável de orientação, matéria de aula e elementos para trabalhos didáticos (Antonio d'Ávila/SP)"; "o maior motivo do interesse despertado pela Revista é a sua parte prática : orienta, ensina e apresenta farto e excelente material. O professor deixa a escola saturado de teoria. Procura, por isso, avidamente, o que a Revista lhe oferece.(Alberto Ferriani/SP)".

Além do ensino primário e pré-primário, a **Revista do Ensino** tratava de outros níveis de ensino: da alfabetização de adultos, educação rural, ensino normal. Os artigos abarcavam o conjunto de disciplinas do currículo escolar: Linguagem, Estudos Sociais, Música/Canto Orfeônico, Desenho e Artes Aplicadas, Ensino Religioso, Aritmética, Educação Física, Ciências Físicas e Naturais, Teatro, Recreação, trazendo aspectos teóricos e práticos sobre as mesmas. A **Revista** também procurava subsidiar o professor e as normalistas com temáticas sobre "fundamentos da educação", com artigos de psicologia escolar, higiene escolar, história da educação, administração escolar, sociologia da educação e outros.

Ao longo de seus 170 números, os índices da **Revista do Ensino** possibilitam verificar a alternância de seções. Observa-se que a cada troca de Editora responsável houve mudanças na organização do índice, sem alteração da linha editorial do periódico, voltado ao magistério. Algumas seções se mantiveram na maioria dos números, tais como: Artes Aplicadas, Fundamentos da Educação, Sugestões de Atividades, Instituições Escolares, Educação para o Lar, Problemas de Pais e Filhos, Observações e Experiências, Cantinho da Educadora, Entrevistas e Reportagens, Exercícios e Divertimentos, Educação Artística, Educação Especial, Educação Física, Educação de Adultos/ Ensino Supletivo, Indicações Bibliográficas, Correio da Revista. Em enquete realizada em 1961, a **Revista** lista algumas destas seções para saber a preferência do leitor, evidenciando que as mesmas a compunham, freqüentemente. Alguns números privilegiaram centralizar o projeto editorial em determinadas temáticas, tais como: O Indígena Brasileiro, O Brasil e suas riquezas, Centenário do Instituto de Educação Gen. Flores da

Cunha, Caracterização do Currículo do Ensino de 1° Grau, Etnias Formadoras do Povo Brasileiro, Estatuto e Carreira do Magistério Público do Estado do Rio Grande do Sul, O Brasil Atual, e outros tantos.

Uma preocupação constante na trajetória editorial da **Revista** foi com a valorização "simbólica" do trabalho docente, através de poesias, mensagens, artigos, pensamentos, distribuídos por suas páginas, enaltecendo a prática educativa e prescrevendo um modelo de atitudes e condutas ao professor. Os artigos como "A Mãe e a Mestra", "Auto-Exame de uma Professora", "O professor de Adultos", "Direitos e deveres de Professores e Alunos", "Bilhetes a uma educadora", "Ao professor", "Bilhete à nova professora estagiária", "Campo de Apostolado", "Influência do Educador", são alguns exemplos de artigos visando a modelagem e disciplinamento da atividade do professor. Cabe, também, destacar a significativa presença de diversos "Credos" ao professor, bem como "Orações à Mestra", "Cartas ao Professor Primário", todos exaltando a figura do professor na sua "missão pedagógica". A seção "Retratando Mestres" [12] exemplifica esta intenção, ao publicar uma série de biografias exemplares de mestres rio-grandenses de significativa atuação escolar, segundo seus biógrafos. A valorização da atividade docente também passava pela exaltação da realidade educacional brasileira, a partir de entrevistas e depoimentos de educadores de renome, na seção "Falam os Educadores Brasileiros".

A **Revista** também dá grande ênfase à participação do seu leitor, expressando suas opiniões, nas seções: "Nossa Coluna", "Correio", que publica cartas dos leitores . "O que dizem da **Revista do Ensino**", destinava-se a apresentar as opiniões dos leitores sobre a revista, estando presente em todos os seus números, constituindo-se em farto material para o estudo da configuração do leitor. "Apresente seu problema" procurava responder as dúvidas didático-pedagógicas: "se você tem dificuldades em conduzir seus alunos ou no ensinar certa matéria,

---

12 Sobre esta seção, ver BASTOS, M. H. e COLLA, A. "Retratando Mestres: a idealização do professor na representação da docência". In: GONDRA, J.(coord) **Pesquisa Histórica: Retratos da Educação no Brasil**. Rio de Janeiro: UERJ,1995. P. 91-97.

dirija-se a esta seção que está ao seu dispor para ajudá-la a resolver o seus problemas. A seção de perguntas deseja vir a ti despretensiosa e simples, com a finalidade de prestar-te uma colaboração. Esta revista circulará não só na Capital como também pelo interior do Estado. E é talvez a ti, colega do interior, que esta seção se destina. Bem compreendemos e sentimos teus problemas e dificuldades. Na maioria dos casos, estás por assim dizer isolado, no recesso da 'linhas' (estradas secundárias), no profundo dos distritos, longe de toda a circulação e possibilidades de intercâmbios. Com dificuldades conseguirá adquirir um jornal, uma revista, que te possam elucidar as últimas notícias, não só educacionais, como dos diversos setores do pensamento humano. E então, por intermédio desta coluna poderás vir com toda a franqueza, procurar solução para algum problema que tua classe está vivendo, poderás apelar, desse modo para a existência de toda a plêiade de professores que lutam e trabalham pela bonita causa da educação. Sim, porque em muitas situações de tua classe de mais te valerá essa experiência que o melhor compêndio de Pedagogia".

Nas seções: "Exercícios para todos os graus" e "Orientação e Ensino" são publicadas sugestões práticas e divulgados trabalhos realizados nas escolas dentro do planejamento previsto pelo setor de orientação do ensino. Além dessas seções, a revista abre significativo espaço para a produção dos professores-leitores: poesias, músicas, versos, poemas, pensamentos, voltados, principalmente, para enaltecer e valorizar o trabalho docente. Essa estratégia editorial constituía-se no veículo por excelência de divulgação e apoio ao magistério do Estado, com a intenção de "ajudar a solucionar problemas reais e práticos na vida do professor primário".

A equipe editorial amplia sua área de atuação realizando programas para o rádio e televisão. Através da Rádio da Universidade/UFRGS, a revista apresentava o programa "Dimensão Dois: Mito e Realidade", com 30 minutos de duração e de freqüência semanal, com o qual pretendia: "dar ao professor as informações, os esclarecimentos, a orientação, apresentar artigos atuais, pesquisas de autores, trabalhos interessantes que tenham saído naquele período. Enfim, vai despertar o prazer para seu permanente aperfeiçoamento". Com a programação radiofônica, a revista conquista prêmios, com os trabalhos: "Tu serás uma Benção", sobre a colonização italiana no RS; "Acidentada história de um Pré-molar", "Ano do Menor", "A Sombra do Anjo", uma novela de ficção científica. Em 1976, tem um programa na Televisão Educativa, quinzenal, no quadro "Variedades", calcado nos conteúdos da revista, bem como em entrevistas e reportagens relacionadas com a educação. No ano seguinte, apresenta o programa "Enfoque Especial", semanal, com uma série "Sempre é tempo de conhecer o Brasil", destacando as regiões brasileiras.

Na década de 70, a continuidade da **Revista** passa a ser ameaçada por uma série de dificuldades. Nos anos 1975 a 1976 é publicado o "Boletim Informativo da **Revista do Ensino**", com treze números editados, para divulgar notícias de interesse do magistério e manter o vínculo com o leitor, nos períodos em que a revista não era publicada. Mantendo a mesma intenção, a Direção, em substituição ao **Boletim Informativo**, apresenta **Renovação**: "Por que **Renovação**? Nada é imutável. A cada momento que passa não estamos nos transformando, mas renovando. Mais do que nunca o mundo de hoje exige de todos uma dinâmica vivencial acelerada, em constante ebulição. A busca de objetivos sempre mais abrangentes e mais amplos, a busca do aperfeiçoamento e de superação obriga a imprimir ao viver cotidiano uma feição nova, a fim de acompanhar a rápida evolução que caracteriza a nossa época. Ao divulgarmos mais um Boletim, faz-nos necessário um esclarecimento: surge o n° 1 com um novo nome: **Renovação - Revista de Ensino em nova ação**. Se analisarmos o seu conteúdo, percebemos que não se trata explicitamente de um Boletim Informativo, pois não é constituído apenas de informações, mas de matéria diversificada. Muda, portanto, o nome como mudou seu conteúdo. O que permanece é o nosso propósito de manter uma comunicação dinâmica, constante e permanentemente atualizada com nossos amigos, leitores e colaboradores". Com periodicidade mensal, tiragem de 1.500 exemplares, distribuição gratuita, com conteúdo informativo e didático, publicado de 1977 a 1979, com 32 números editados.

Em 1971, com a extinção do CPOE/RS, responsável pela supervisão técnica, a **Revista** passa por diferentes órgãos da

Secretaria de Educação e Cultura: para a Unidade de Pesquisa e Orientação Educacional - UPO/SUT; de 1972 até 1975 para o serviço de Supervisão e Assessoramento Especial - SAE; de 1975 até 1978 para o setor de Supervisão Técnica da SEC - SUT, editando somente 7 números neste período. Sua continuidade também fica comprometida pela troca constante de Editoras responsáveis pela sua publicação, conforme o quadro 2. Maria Magdalena Lutzemberger, diretora da **Revista** durante nove anos, considera que os grandes culpados pela derrocada foram as editoras: "Cada editor que assumia, pensava estar pegando a 'galinha dos ovos de ouro', mas na hora de vender e tornar ela viável financeiramente nada faziam".

Quadro 2: Editoras da Revista do Ensino (1951-1978)

ANOS	EDITORAS
set. 1951 a nov. 1954	Editora Globo
março a nov. 1955	Sec. Educ. Cult./RS Apoio INEP
março a nov. 1995	Prop. Maria de Lourdes Gastal
março 1957 a 1964	Sec. Educ. Cult./RS CPOE
1965 a 1968	Editora Monumento S/A
1968 a 1970	Sociedade Contábil-Ficha Tríplice Ltda.
1970 a 1975	Edições Tabajara
1975 a1976	Editora Meridional EMA
1977 a 1978	Sec. Educ. e Cult./RS SUT

As mudanças administrativas da SEC/RS e a reforma do ensino de 1° e 2° graus em 1971 - Lei n 5.692, que ampliou a área de abrangência da revista para outros níveis de ensino, diluindo o interesse e a especificidade - ensino primário/ 1° grau, parece terem sido alguns dos fatores que contribuíram para a descontinuidade e descaracterização da **Revista**, ao longo da década de 70, levando a interrupção de sua publicação no ano de

1978, com a edição dos números 167 a 170 em um único volume.[13]

Tudo indica que o longo ciclo da **Revista do Ensino** parece ter sido decorrência de dois fatores que, aliados, garantiram sua continuidade editorial: a supervisão técnica do CPOE/RS e a permanência do grupo diretivo. A Prof. Maria de Lourdes Gastal esteve na Direção por 10 anos, de 1951 a 1964, sendo substituída pela Prof. Maria Magdalena Lutzemberger, de 1965 a 1975, e pela Prof. Maria Josepha Pisacco Motta, de 1975 a 1978.

Finalmente, após uma interrupção de 10 anos, em outubro de 1989, a **Revista do Ensino** volta a ser publicada pela Secretaria de Educação/RS: "Esta é a nova **Revista do Ensino**. Nova porque se edita neste mês de outubro de 1989, um bom tempo depois da última edição. Mas é também nova porque, afinal, o tempo - este grande mestre condutor das mudanças - exige que a revista seja comprometida com este final de década, que seja capaz de entender a lição destes últimos anos, as lutas do magistério, a inacreditável resistência de velhos problemas que passam de uma geração a outra de professores, não como um testemunho, mas como uma repetição de dificuldades. Enfim, a **Revista** precisa ser atual".

Nesta fase são publicados 3 números até 1991, em forma de tablóide, com uma tiragem de 20.000 exemplares, de distribuição gratuita às escolas e professores. A **Revista** preocupa-se em publicar artigos didático-pedagógicos; relatos de experiências; legislação; entrevistas e reportagens sobre a memória e a história da educação rio-grandense; assuntos da atualidade; mercado editorial; serviços; humor. Diferindo substancialmente das outras fases, neste momento, a **Revista** é feita por jornalistas para professores. Esta significativa alteração é assim explicada pelo Secretário de Educação Prof. Ruy Carlos Ostermann, também jornalista responsável: "Estamos propondo nesta mudança também uma inovação que, se espera , trará bons resultados: a revista será feita por jornalistas jovens, jornalistas que não devem ter preconceitos em relação à educação, isto é, idéias preconcebidas. É uma tentativa de transferir professor e

13 De 1971, quando da extinção do CPOE/RS, até 1978 são publicados somente 36 números. Durante a supervisão do CPOE/RS (1957-1965) são editados 93 números. No período de 1951 a 1956, quando a Revista não tinha apoio oficial, são publicados 41 números.

experiência para o centro da revista, sem que ele mesmo faça o texto e busque palavras ou idéias. Esta será a tarefa do jornalista. Ele vai perguntar, vai investigar, vai escrever, e vai se comprometer com esta fascinante tarefa da Educação. Não se quer transformá-los em jornalistas-professores. Não, que fiquem sempre jornalistas preocupados em entender os caminhos da Educação, suas palavras, conceitos, refrões, velhas demandas e as sempre renovadas aptidões para o novo, o que é fascinante, e estas descobertas das relações pedagógicas sempre surpreendentes. O jornalista pode também redescobrir alguns trajetos da educação que o professor, no seu compromisso de cumpri-los, muitas vezes esquece que eles são significativos para a comunidade e, sobretudo, para os outros professores. Todos nós aqui da redação apostamos nesta redescoberta. Ela será um reconhecimento e uma valorização. Não se quer outra coisa desta combinação de professores e jornalistas".[14]

Este recomeço tem sido marcado por interrupções e retomadas a cada nova administração da Educação do Estado. Em 1991, na transição do novo governo - Collares, a diretora pedagógica da SE/RS Prof. Tania Silveira afirma que "a publicação da **Revista** é prioridade e será voltada para as necessidades imediatas a serem constatadas junto às escolas, levar orientações pedagógicas para os professores e a discussão dos problemas procurará educacionais". [15]

Em 1992, a **Revista do Ensino** publica uma "Edição Histórica" afirmando que "veio para ficar", como testemunho dos ideais que movem os responsáveis pela Educação, no Estado: "para ficar como espaço democrático para a reflexão, o estudo, o debate". Buscando vincular-se à época de sua grande projeção nacional, a revista é editada com as características gráficas que a identificaram de 1951 a 1978, com uma tiragem de 4.000 exemplares e sob a supervisão do Grupo de Assessoramento Superior à Educação - GASE/DG/SE. O Editorial deste número é assinado pela Secretária da SE/RS, Prof. Neuza Canabarro, que expressa o "firme propósito de reeditar o veículo que divulgou,

---

14 OSTERMANN, R. C. "Carta ao leitor". In: **Revista do Ensino**. Porto Alegre, 24(171): 3, out/1989.

15 "**Revista do Ensino** é prioridade da SEC".In: **Zero Hora**, Porto Alegre, domingo, 7 de abril de 1991. p. 37

no Brasil e no Exterior, a educação que se fez no Rio Grande do Sul", com o objetivo de "abrir um espaço para a veiculação, reflexão e debate das questões político-pedagógicas atinentes à Educação, buscando a construção coletiva do conhecimento e da ação no espaço político de transformação social, que é a escola; subsidiar a prática pedagógica do professor em sala de aula, através da divulgação de referências teóricas, de sugestões de atividades práticas e de relatos de experiências que possam repercutir positivamente na Educação Pré-Escolar e no Ensino de 1° e 2° Graus; abrir um canal de comunicação entre a Secretaria , as diferentes Diretorias e Departamentos que a integram e entre os próprios professores, divulgando novas diretrizes, eventos, em suma, prestando o serviço que uma revista desse porte pode oferecer".[16]

Afirmando novas intenções e propósitos, esta edição procura resgatar a **Revista do Ensino** em sua trajetória histórica, republicando depoimentos, entrevistas, artigos que marcaram suas distintas fases, identificadas em cinco momentos, cujos critérios adotados foram a permanência da direção de redação: 1939/1942- Prof. Pery Pinto Diniz; 1951/1965- Prof. Maria de Lourdes Gastal; 1965/1975- Prof. Maria Magdalena Lutzemberger; 1975/1978- Prof. Maria Josepha Pisacco; 1989/ 1991- sob a tutela de jornalistas. Nesta revisão histórica, a equipe editorial assinala o ano de 1992 como marco de que a **Revista** continuaria, afirmando " o propósito de nos empenharmos para que ela volte a ser um importante suporte teórico-prático no processo ensino-aprendizagem, colaborando na atualização e aperfeiçoamento do professor"[17] , o que a tem pautado desde a primavera de 1939, e retomado em outras primaveras - 1951, 1989, 1992...

A longa trajetória da **Revista do Ensino** permite ao pesquisador o estudo e a análise desta produção editorial, segundo o ideário que a norteou, permitindo desvelar o pensamento político-pedagógico rio-grandense, em determinada época e sua contribuição à educação brasileira. Alguns momentos

16 CANABARRO, Neuza. "Editorial". In: **Revista do Ensino**. Porto Alegre, 27(174): 5, out. 1992

17 "1992- A Revista Continua". In: **Revista do Ensino**. Porto Alegre, 27(174): 64, out.1992.

deste ciclo de vida mostram-se singulares e importantes à educação rio-grandense: o período em que esteve sob a supervisão técnica do CPOE/RS - 1957/1971, fazendo a articulação direta entre a equipe técnica e pesquisadores da SEC/RS e o magistério; o período de implementação da reforma do ensino de 1° e 2° graus, a partir de 1971, cujo resultado foi a descontinuidade e descaracterização da Revista; a equipe diretiva, notadamente a participação da Prof. Maria de Lourdes Gastal e sua contribuição para a divulgação da educação rio-grandense em nível regional e nacional; o período da década de 90, que marca uma nova característica da Revista feita por jornalistas para professores, os quais procuram acompanhar as novas tendências da educação brasileira em suas reportagens; a recepção da Revista junto ao seu público-leitor, a sua leitura do *corpus* textual e as aplicações realizadas no seu cotidiano escolar.

Falam os educadores brasileiros (1954-1965): o passado presente

A análise desta seção insere-se na preocupação de estudar como se estabelecem e circulam os discursos de formação da identidade do professor e de sua mobilização como agente da política do Estado , no papel de coadjuvante.

Falando de professor para professor, a **Revista do Ensino**, através de um discurso idealizador e idealizado - moralizador, formador da postura - individual e social - do professor, objetiva cristalizar determinadas práticas e crenças quanto a sua conduta, pela sacralização da função docente. O projeto editorial fará uso de diferentes estratégias e mecanismos de persuasão de seu leitor, tecendo e homogeneizando o pensar de uma categoria profissional, perpetuando alguns sentidos em detrimento de outros e produzindo um discurso de construção do leitor-ideal. Nesta perspectiva, insere-se o estudo desta seção, que permite analisar a *historicidade do processo discursivo* [18] que idealiza a figura do professor e de seu fazer cotidiano, produzindo uma *"maneira de pensar"* sobre a educação brasileira, a partir das imagens de realidade educacional que passaram para os leitores.

18 ORLANDI, E.(org) **Discurso Fundador**. Campinas: Pontes, 1993, p. 23.

A seção "Falam os Educadores Brasileiros" esteve presente, na **Revista do Ensino/RS**, do número 20, de março de 1954, ao número 100, de 1965, perfazendo 43 entrevistas com educadores, técnicos, administradores - mestres experientes: "uma aproximação amistosa e fecunda entre educadores de todos os quadrantes do Brasil". Com a intenção de "sentir com mais objetividade os problemas educacionais da atualidade entre nós; sondar o que já se fez no Brasil e as possibilidades que temos para atender melhor as necessidades de formação e reajustamento de nossa gente; abrir novos rumos e ter expressiva significação na felicidade do povo; balanço das nosso incertezas, dificuldades, perspectivas da educação brasileira."[19]

Com esta iniciativa, considerava que estava participando do movimento pedagógico renovador : "no anseio de servir, no desejo de incorporar-se aos recursos modernos, dinâmicos e eficientes do progresso pedagógico, a **Revista do Ensino** transforma-se em autêntico porta-voz do idealismo e das experiências vividas pelos educadores brasileiros da atualidade. Visando alertar, informar e unir, ela transpõe obstáculos, vence distâncias, sofre e luta. Seu objetivo não é apenas chegar aos grandes centros, mas ir ao encontro do mais afastado ou esquecido mestre do interior, onde quer que ele esteja a construir um Brasil mais feliz".[20]

Como porta-voz da realidade educacional brasileira idealizada, pretendia ser o contato direto dos grandes nomes da nossa atualidade educacional, a fim de aproximá-los dos 15 mil (1954) a 50 mil (1964) professores-leitores da revista, de maior tiragem no Brasil, na época. A equipe editorial acreditava que "proximidade de educadores consagrados, o contato direto com sua vida, obra e personalidade", seria um estímulo constante, "impulsionando maiores iniciativas, descortinando outros horizontes", para o professor no seu cotidiano escolar: "A palavra segura e atualizada de grandes mestres tem suscitado polêmicas, desfeito dúvidas, aberto horizontes, revisado conceitos, indicado caminhos e incentivado experiências. Tudo isso está criando um

19 "Falam os Educadores Brasileiros: Juracy Silveira". In: **Revista do Ensino**. RS. Ano II, n. 24, p. 34, ago. 1954.

20 "Falam os Educadores Brasileiros: Padre Älvaro Negromonte". In: **Revista do Ensino**. RS. Ano II, n. 25, p. 59, set.1954.

clima mais sadio e propício às realizações da obra educacional".[21] Noticiar campanhas ou iniciativas, divulgar debates educacionais, informar, levantar problemas, sugerir pesquisas, motivar novas experiências de ensino, é a forma de participação e contribuição da Revista "no movimento renovador que anima o país".

A seção é de responsabilidade da Prof. Generice A. Vieira, assistente/auxiliar de direção da **Revista**, que neste período é bolsista no Instituto Nacional de Estudos Pedagógicos/INEP, bem como estagiária no Instituto de Educação do Distrito Federal. Esta situação explica a criação da seção e a seleção dos entrevistados: "o trabalho que ora realizamos para o INEP, compreende uma série de pesquisas cujo objetivo é proceder a uma sondagem preliminar da realidade educacional e social do Nordeste brasileiro. Não seria possível encontrar clima mais oportuno para entrar em contato direto com os grandes pedagogos da atualidade, a fim de aproximá-los dos quinze mil educadores que no momento nos lêem".[22]

Os professores: Gilda Bastos, Corália Porto, Sérgio Toccheto, Astrogildo Fernandes e Fernando Souto Maior também colaboram nesta seção, mas 80% das entrevistas são realizadas pela Prof. Generice Vieira, o que garante uma unidade de intenções. Em artigo publicado, em março de 1952, sobre a ***Revista do Ensino** e o Professor*, a professora assim se refere ao seu significado: "profundamente humano é o objetivo dessa mensagem de boa vontade, cultura, experiência e idealismo que não se compraz com a distância entre orientadores e orientados, mas - antes de tudo - estabelece contato, desejando e contribuindo para a consubstanciação de ambições e identificação de esforços, em projetos e campanhas análogas, em direção da finalidade comum". Nesta perspectiva, insere-se esta seção, que pretende levar a palavra autorizada e abalizada de *mestres competentes* aos leitores da revista : "divulgando o pensamento de brilhantes educadores, auscultando os estudiosos mais modestos, realizando um magnífico intercâmbio cultural entre o professorado brasileiro, aproximando os grandes educadores,

21 "Falam os Educadores Brasileiros: J. Moreira de Souza". In: **Revista do Ensino**. Ano IV, n.31, p. 14, jun. 1955.

22 "Falam os Educadores Brasileiros: Lauro de Oliveira Lima". In: **Revista do Ensino**. Ano IV, n. 29, p. 7, abr. 1955.

permitindo o convívio com os líderes".

Os escolhidos para falar sobre a educação brasileira são *educadores* que ocupam cargos na administração dos sistemas de ensino ,portanto porta-vozes do discurso oficial, fixando falas importantes com a função de ensinar, representando o que a sociedade brasileira quer e deve ser: retificam um sistema de valores pertinentes ao trabalho docente e à prática escolar; afirmam o que deveriam saber e ser informados, e em que deveriam acreditar.

As entrevistas são apresentadas com destaque para suas atividades educativas, cargos ocupados e, principalmente, pelas qualidades pessoais e profissionais, marcando o seu lugar privilegiado de fala: "a palavra expressiva e abalizada de um dos mais populares educadores brasileiros; contato com a experiência e vida dos grandes mestres". Modelos para o leitor espelhar-se: "devotando-se com invulgar carinho e eficiência à educação da infância; a modéstia, a cordialidade, o entusiasmo e idealismo profissional e seu natural espírito de cooperação; figura invulgar, personalidade vigorosa, possuidora de vasta cultura e larga experiência; exemplo vivo de identificação profissional, não se envaidece pelo que realiza". O exemplo destes - "heróis da educação brasileira", tem o efeito de engendrar uma imagem idealizada da profissão docente: "espalhados por esse imenso Brasil -ignorados e esquecidos- vamos encontrando professores heróicos na sua abnegação, amor e simplicidade. A nossa entrevistada de hoje é um exemplo típico".

De que posição e de onde falam os entrevistados: 31 são do Distrito Federal/ Rio de Janeiro/ Guanabara, 5 da Bahia, 2 do Rio Grande do Sul e um de São Paulo, Sergipe, Maranhão, Paraíba, Espírito Santo. São 25 mulheres e 18 homens, que ocupam cargos de destaque no ensino primário, normal, superior; na administração federal, estadual e municipal; publicam livros, editam revistas e boletins de órgãos públicos; realizam estágios de aperfeiçoamento no país e no exterior; em síntese, eleitos para falar da educação brasileira: Helena Mandroni, Flora Nobre, Teobaldo M. Santos, Juracy Silveira, Padre Älvaro Negromonte, Lourenço Filho, Jorge de Carvalho Nazareth, Adroaldo Ribeiro Costa, Lauro de Oliveira Lima, Maria Blandina de Souza, Nobilina Pereira de Almeida, J. Moreira de Souza, Angelina Rocha de Assis,

Glorinda Sarmento, Placidino Passos, Maria José Raposo Vaz dos Santos, Irene de Albuquerque, Newton Dias dos Santos, Ofélia Boisson Cardoso, Hélio Nóbrega Zenaide, Antonio Filgueiras Lima, Advenir de Souza Lima, Emilio Mira y Lopes, Pierre Weil, Luiz Alves de Mattos, Geni Marcondes, Dinah de Souza Campos, José Arthur Rios, Cecília Stramandínoli, Sarah Azambuja Rolla, Juracy G. Marques, Maria Clara Machado, Antonio D'Ávila, Maria Junqueira Schmidt, Maria Augusta Joppert, Ecilda Cesconetto, Wanda Rollin Pinheiro Lopes, Júlio César de Mello e Souza, Lucy Figueiredo Rachinsky, Edy Pinheiro Lopes, Ana Maria Calmon, Leonardo da Fonseca Sartore, Edvete Rodrigues da Cruz Machado. A confluência destes "modelos" com cargos administrativos no sistema educacional reitera a idéia de hierarquia e status social dos entrevistados, àqueles que ocupam posições destacadas, afastando-os do professor-leitor, da realidade de sala de aula. Situação desigual sublimada, em parte, pela fala de igualdade: todos são professores.

Para dar mais destaque à palavra dos *mestres experientes* , a equipe editorial abriu espaço para que os mesmos publicassem ou mantivessem seções na revista. Mais da metade dos entrevistados (60%) escrevem de 1 a 16 artigos na revista, sendo que alguns deles mantêm seções, colaborando mensalmente, como o Prof. Pierre Weil, que assina as seções: "Do Psicólogo ao Professor", "Experimente e Verás".

A intenção explícita das entrevistas é divulgar a **Revista do Ensino**, dando caráter nacional para uma iniciativa regional, bem como conhecer a opinião do entrevistado sobre a mesma. Perguntas como: *qual sua opinião sobre a revista; oportunidade de ampliar ou tem tido divulgar a revista; é colaboradora; conhece alguma publicação semelhante, no gênero, que esteja sendo editada no Brasil; a revista tem sido útil ao seu trabalho; gostaria de apresentar sugestões para enriquecer nossa publicação;* constituem regularmente a primeira parte das entrevistas. Esta estratégia é justificada: "seria inconcebível que um professor percorresse os Estados em missão cultural sem apresentar a revista nacional de educação mais recente e de maior utilidade no campo do ensino primário".

Para o leitor, esta seção funcionava como uma propaganda subliminar da revista e do importante papel que desempenhava como consumidora desta publicação: "A **Revista do Ensino**, publicidade que honra o Estado que a edita, apareceu-nos, certo dia, sobre a mesa de trabalho... Com negligência natural - em relação às novas publicações e que já ia se tornando um hábito nosso, pois o sentido comercial ou partidista anda matando o espírito pedagógico e a pura essência educacional das publicações didáticas. Uma agradável surpresa sentimos e veio-nos, espontaneamente, velha frase acalentar o coração: ainda resta uma esperança." [23]

A opinião dos entrevistados reforça o papel pedagógico da **Revista**: "servir à instrução primária, para o aperfeiçoamento do ensino, tornar mais fácil a tarefa do professor, orientá-lo cientificamente dentro da classe, promover o intercâmbio cultural, condensar noções teóricas e apresentar farto material de aplicação prática". Considerada pelos entrevistados como a melhor revista que se publica no Brasil, destacam o caráter *idealista e realista , sonhador e prático* de suas contribuições, auxiliando as professoras a "viver integralmente a sua grande arte e mobilitante missão de educar a infância brasileira." Enfatizam a mensagem de "vigor profissional, de entusiasmo pela vida, de melhor realização do trabalho docente".

Em sua estratégia editorial, a revista vai divulgar constantemente *a opinião dos leitores* em seções criadas especialmente para este fim: "Correio da Revista", "O que dizem da RE", "Intercâmbio"; ou em reportagens - "A **Revista do Ensino**, pelo seu alto valor, já não pertence aos professores gaúchos porque é patrimônio do professorado brasileiro: a revista na opinião dos educadores paulistas"; "Enquête sobre a **Revista do Ensino**". Esta ação tem por função aproximar o leitor, responsabilizando-o pela produção da revista, bem como pelo seu uso constante, como orientadora do seu fazer cotidiano. Procura garantir, dessa forma, a homogeneização do agir docente, através de um discurso hegemônico, que universaliza valores e idealiza virtudes.

Quanto às sugestões apresentadas pelos entrevistados, visando o aprimoramento da publicação, destacamos: consultório pedagógico, estudo das profissões, orientação educacional e os

23 "Falam os Educadores Brasileiros: Flora Nobre". In: **Revista do Ensino**. RS. Ano II, n. 21, p. 32, abril 1954.

problemas de integração social, análise dos livros didáticos, planos de aula, relações pais e mestres, problemas e temas fundamentais de educação e ensino (por exemplo: a infância e a família, a educação para a guerra ou a paz, adolescência, a formação cívica da criança, conforme a revista francesa ***Éducateurs***). Muitas destas sugestões foram incorporadas como seções ou artigos .

Um significativo grupo de entrevistados realizou estágios ou cursos no exterior, principalmente nos Estados Unidos, como parte da política de formação e aperfeiçoamento docente implementada pelo Ministério de Educação e Cultura, neste período, através de programas como CADES, e outros . Esta experiência de estudos no exterior é foco destacado nas entrevistas, como podemos perceber nesta fala: "o que mais nos impressiona no educador americano, em geral, é seu amor pela evidência, pelo fato constatado em pesquisas de validez científica; a educação americana é essencialmente descentralizada e não é assunto nem negócio do governo; o professor americano tem uma riqueza de material de ensino, em sua sala de aula, que impressiona qualquer visitante; pensamos que experiências estrangeiras podem ser inspiradoras, mas apenas inspiradoras, os padrões brasileiros de ensino só poderão se tornar eficientes na medida em que se tornarem realmente brasileiros". [24] Outra fala destaca aspectos exemplares e modelares da educação americana para o professor-leitor pensar e refletir sobre sua realidade: "A ordem, a calma, a disciplina natural que se observa no ambiente escolar em geral e nas salas de aula em particular...Os professores sempre falam em voz baixa e macia e os alunos cedo aprendem a ouvir, adquirindo, também muito cedo, o hábito de falar por turnos nas discussões ou conversas de grupo e o de comunicarem-se entre si, na sala de aula, quase em sussurro...O senso de responsabilidade dos alunos, e sua capacidade de autocontrole e autodireção o que mais fortemente se impõe à sensibilidade do educador visitante. O desenvolvimento da capacidade de expressão das crianças, revelada através de intensa produção artística de aspecto original e criativo, e através da

---

24 "Falam os Educadores Brasileiros: Juracy G. Marques". In: **Revista do Ensino**. RS. Ano IX, n. 65, p. 8, nov. 1959.

palavra falada, em geral fácil, desembaraçada, segura, clara, significativa." [25]

Outra parte das entrevistas envolve perguntas relativas à realidade educacional brasileira: *na função que exerce, qual problema de ordem profissional que mais a preocupa; como realiza a orientação das professoras que trabalham sob sua direção; acredita que a escola brasileira deva sofrer inovações; gostaria de abordar outros problemas do panorama educacional brasileiro; na sua opinião, existe "decadência" nos quadros da educação nacional.* Algumas perguntas são relativas à questões importantes no momento: projeto de lei de diretrizes e bases , descentralização, escola pública, rendimento escolar,. Outras entrevistas abordam questões específicas, centralizando-se em temáticas, tais como: orientação educacional, música, educação sexual, Campanha Nacional de Educação Rural, teatro escolar, reforma do ensino primário/RS, economia doméstica, Serviço de Educação Musical, Escola Americana, Bandeirantismo, Educação Primária na Guanabara.

Que quadro da Educação Brasileira os entrevistados fazem e elaboram para o leitor? Dois problemas básicos são recorrentes nas falas: a formação de professores e a educação básica. Estes são abordados como questões dadas, sem uma reflexão sobre suas causas, responsabilidades, tirando assim parte de sua gravidade. Um dos entrevistados refere-se que "a chamada crise da educação brasileira é um reflexo natural da crise econômica, política e social em que se debate o mundo atual", sem no entanto abordá-la ou particularizá-la em âmbito nacional

Quanto à educação básica os problemas detectados referem-se à: baixa percentagem de promoção na 1ª série, dificuldade de encontrar-se professor capacitado para atuar nesta série, falta de escolas, repetência, questão disciplinar, aumento do período escolar, carência de professores e de recursos, falta de continuidade no que se refere à administração do ensino, estender a instrução primária a todas as camadas da população e em todas as regiões do país, desajustamento entre a escola e a realidade social brasileira, falta de uma filosofia da educação mais moderna e atualizada, legislação de ensino antiquada e asfixiante,

25 "Falam os Educadores Brasileiros: Wanda Rollin P. Lopes". In: **Revista do Ensino**. RS. Ano XII, n. 89, p. 4, nov/1962.

currículos rígidos, falta de preparo mais esmerado e uma orientação adequada ao professor, falta de prédios escolares para abrigar a clientela em idade escolar, redução do horário escolar e multiplicação de turnos, problema de assistência à população escolar.

A pulverização dos problemas detectados, de certa forma, relativiza esta grande problemática ao leitor: "mas é bom acentuar que, de modo geral, o rendimento das escolas primárias no país é bem melhor do que das escolas secundárias"; "Basta de pessimismo! Há iniciativas isoladas, e algumas públicas, como no caso do ensino rural do RS, que salvam os créditos pedagógicos do Brasil contemporâneo".

A formação de professores é tema recorrente nas entrevistas, considerado um problema central da educação: "o preparo do elemento humano para ensinar e educar é um problema educacional de urgente solução"; "O Ministério de Educação e o INEP escolheram o caminho certo: em vez de reformar o ensino, estão reformando os professores. Sem executores, a mais linda reforma será letra morta". As falas dos educadores também estão carregadas de cunho moral e dignificador da função docente: "Só há educação verdadeira quando há verdadeiros educadores. E para haver verdadeiros educadores que devemos lutar por uma formação integral dos candidatos ao magistério. Para onde iremos, se os mestres dão aos discípulos maus exemplos no cumprimento do dever, no respeito às leis, na vida moral, na constituição familiar, no respeito ao pudor, no amor à Pátria, no santo temor de Deus, e na perfeição espiritual? É por isto que não acredito em reformas de ensino; creio na reforma dos educadores"; "a fé de um ideal em educação e uma honestidade a toda prova"; "Nossa profissão exige inteligência e cultura, mas não é tudo, nem mesmo o mais essencial no magistério: temperamento, vocação, capacidade de compreender e sintonizar com a infância, capacidade de fazer-se compreender, amar e respeitar pelas crianças, são qualidades não menos indispensáveis..." "O educador, antes de tudo, deve possuir aptidão vocacional, sensibilidade humana, cultura pedagógica, filosófica, técnica, científica, predominando conhecimentos profundos em psicologia, e equilíbrio emocional: dar de si antes de pensar em si".

Tema bastante debatido nesta época foi a polarização de posições quanto a centralização e a descentralização do sistema de ensino brasileiro. A questão, quando abordada com os entrevistados, faz a defesa da centralização pela negação da descentralização: "Dentro do quadro de nossas realidades, a melhor orientação é a de um equilíbrio entre a centralização e descentralização. Discordo da tese descentralizadora radical pelos seguintes motivos: diversidade de condições econômicas e culturais das diferentes regiões do país, o que acarretaria um profundo desnivelamento; necessidade de imprimir um sentido acentuadamente nacional à educação brasileira, pela psicologia do povo brasileiro, muito predisposto ao individualismo e ao regionalismo; pela formação histórica de nossas instituições escolares, de iniciativas locais, mas de providências do governo central; enfim, pela própria experiência que nos leva a considerar o regime vigente como o mais adequado à nossa realidade econômica, política e cultural". Outra fala defende a centralização, afirmando que "deverá caber à União, além de fixar as bases e as diretrizes da educação nacional, o direito de organizar e fiscalizar o ensino médio e superior e de traçar as normas gerais que deverão assegurar às universidades uma mesma estrutura fundamental".

Quanto ao anteprojeto da Lei de Diretrizes e Bases da Educação Nacional, em tramitação no Congresso e foco de inúmeras discussões na década de 50, a seção pouca vezes procurou ouvir a posição dos entrevistados ou mesmo abordar a posição editorial da Revista. As posições refletidas foram contrárias ao Projeto de lei: "não estou de acordo com as suas linhas gerais. Está faltando a esse projeto uma orientação filosófica ampla, segura e realista. Um plano de educação brasileira que não leva em conta valores da tradição cristã, por exemplo, está de antemão condenado ao fracasso. (...) não atende a sua finalidade. Na situação em que se encontra o projeto, terá muito mais de regulamentação e de ensino que de princípios e normas para educação...". "Se a LDB não encarar de frente um sistema educacional que abrace e envolva, no seu raio de influência, a Pátria inteira, então será melhor que nunca venha à luz do dia. Não poderemos educar um país, cuidando apenas de suas metrópoles". O fato da Revista publicar opinião contrária ao Projeto de Lei, permite depreender indícios da posição das autoridades educacionais rio-grandenses , neste período.

As soluções apresentadas pelos *educadores* à Escola Brasileira passa por várias sugestões, de natureza diversa, como: a preocupação de formação moral acima de todas as outras; dar aos professores primários condições de existência mais fácil, de aperfeiçoamento e material; dar à criança o direito de freqüentar uma escola adaptada às suas necessidades e às suas possibilidades; a maior consciência de "brasilidade", que leva os educadores a um maior desejo de aprimoramento no preparo das futuras gerações; a "pedagogia do trabalho"- "é preciso ensinar as novas gerações a trabalhar, não apenas com a inteligência, mas também com as mãos. Humanismo, trabalho e liberdade, eis as normas espirituais que deverão orientar a educação nacional".

A seção "Falam os Educadores Brasileiros", ao apresentar para o leitor as posições e idéias dos entrevistados, silencia outras vozes e outros sentidos. Nesta perspectiva, a estratégia da **Revista** é mediar o discurso oficial e o seu destinatário - o professor, fixando sentidos, organizando e disciplinando a realidade, ou seja, traduzindo e interpretando a educação brasileira harmonicamente com o Estado.

Concluindo

A imprensa pedagógica constitui-se em um dispositivo privilegiado para a reflexão sobre o modo de produção do discurso sobre *ser docente* e como mecanismo de formação contínua. Os professores pensam o mundo da maneira que falam sobre ele, testemunhando o universo de crenças que permeiam seu cotidiano, através de relações metafóricas com a conjuntura social e histórica. Para Hameline, o discurso pedagógico é o mais metafórico, o que leva a perpetuação de uma tradição (conservação) e uma lógica de moralização histórica - a idéia da *boa consciência pedagógica*. A preocupação combinada de selecionar os professores e de (in)formá-los segundo um certo modelo de "bom" professor vem se constituindo historicamente e convergindo para o delineamento da representação da docência.[26]

Nesta perspectiva, situa-se o projeto editorial da **Revista do Ensino**, que perpassa pelo discurso uma imagem que não espelha a realidade, mas assume a função de espelho, no qual o professor deveria buscar a sua imagem e sua motivação para o exercício da função docente. Dessa forma o discurso não representa o real, mas cria uma idéia do real - homogeneizador, silenciando os conflitos, pela imposição de uma atitude centralizadora, uniformizadora, em nome de uma postulada harmonia. No entanto, deixa um não-dito, um silêncio que faz sentido, o ocultamento do professor real e da real situação educacional brasileira, com limitações e dificuldades em cumprir as expectativas prescritas no discurso idealizado. A inversão do real pelo ideal, a substituição da realidade material pelas coisas do espírito, dão o cunho alienado, jogo de "luzes e sombras", do espelho construído pela **Revista** e que apresentava aos docentes.[27]

A seção "Falam os Educadores Brasileiros" faz parte da estratégia de mistificação do conhecimento e da mitificação daqueles que "conhecem", produzindo uma maneira de pensar generalizável que aliena o sujeito de si e de seus valores próprios, ao mesmo tempo, que a confirma e a legitima pela perpetuação do próprio discurso. Catani refere-se que o "relato do poder", no campo educacional, se constrói no cruzamento do documentário e da apologia para criar as imagens da memória social dos professores, nisso reside seu "poder de relato".[28]

A elaboração de um *corpus* de saberes e de saber-fazeres pela **Revista** buscava dar status ao saber pedagógico como campo de conhecimento científico e, ao mesmo tempo, dar uma dimensão técnica e instrumental ao cotidiano escolar. Paralelo a esta intenção, constituiu-se, também, um conjunto de falas

---

26 HAMELINE, D. **L'éducation, ses images et ses propos**. Paris: ESF, 1986. p. 197.

27 BASTOS, M.H.C. "Professorinhas da Nacionalização: a representação do professor rio-grandense na Revista do Ensino (1939-1942)". In: **Em Aberto**.Brasília, ano 14, n. 61, p. 142, jan/mar.1994.

28 CATANI, D. "Memória e Biografia: *O poder do relato e o relato do poder* na História da Educação". In: GONDRA, J. (org). **Pesquisa Histórica: Retratos da Educação no Brasil**. Rio de Janeiro: UFRJ, 1995. p.73-80.

relativas a normas e valores de conduta profissional, como forma de controle da profissão docente. Esta estratégia se fazia necessária como parte de um projeto de conformação do grande contingente de profissionais da educação, ampliado a partir da expansão do sistema escolar na década de 50. A valorização dos especialistas da educação, principalmente do orientador educacional, fazia parte do projeto editorial da **Revista**, dando significativo espaço para as falas destes profissionais, ao mesmo tempo em que se processava uma desqualificação dos saberes e do trabalho do professor de sala de aula.

A análise da *historicidade do discurso* da **Revista do Ensino** permite conhecer a retórica de conformação do *ser docente,* pelo desvelamento do discurso político-ideológico embutido no discurso técnico-pedagógico. Nesta perspectiva, o passado se faz presente, pois possibilita refletir sobre a identidade social forjada e "herdada" e operar um trabalho de reconstrução histórica da sua formação profissional e prática cotidiana.

A PROFISSIONALIZAÇÃO E AS PRÁTICAS DE ORGANIZAÇÃO DOS PROFESSORES: ESTUDOS A PARTIR DA IMPRENSA PERIÓDICA EDUCACIONAL (*)

Denice Barbara Catani
Paula Perin Vicentini
Rosario S. Genta Lugli
(Universidade de São Paulo)

O presente texto se constrói a partir de projetos de pesquisa distintos, porém complementares, que integram uma pauta de investigações explorada na Faculdade de Educação da USP, desde o final da década de 80. Esses trabalhos vêm sendo desenvolvidos para sistematizar informações sobre as práticas de organização dos professores, os movimentos reivindicatórios e as entidades associativas, desde o século passado em São Paulo.

A relevância da perspectiva que se propõe a investigar a atuação dos professores na estruturação do seu próprio espaço profissional tem sido assinalada por vários autores no quadro internacional. Dentre esses, os trabalhos que interpretam o processo de profissionalização dos professores em Portugal, como os de António Nóvoa e Áurea Adão, convergem ao evidenciar a necessidade de se estudar os momentos peculiares de organização da categoria do magistério, as etapas da formação para o trabalho e as medidas de ordenação legal do exercício da profissão. Dominique Julia, por sua vez, ao propor a cultura escolar como objeto histórico, adverte para a mesma necessidade de conhecer as especificidades da atuação do corpo profissional dos agentes que executam normas e acionam práticas constitutivas dessa mesma cultura.[1]

(*) Versão modificada do texto apresentado no **II Congresso Ibero Americano de História da Educação Latino Americana**. Campinas, UNICAMP, 11 a 15 de setembro de 1994.

1 NÓVOA, António. **Le temps des professeurs**, Instituto Nacional de Investigação Científica, Lisboa, 1987 e ADÃO, Áurea **O estatuto sócio-profissional do professor primário em Portugal (1901-1951)**, Oeiras, Instituto Gulbekian de Ciência, 1984. Da mesma autora, ver "A história da profissão docente em Portugal: balanço da investigação realizada nas

Nos três trabalhos aqui articulados estuda-se, especialmente, a Associação Beneficente do Professorado Público de São Paulo (1901-1919) e o Centro do Professorado Paulista (1930 aos dias atuais). A realização de tais estudos demandou também o exame da situação dos professores no final do século XIX, a partir do qual foram localizadas tentativas esparsas de organização da categoria em São Paulo. Nos trabalhos aqui descritos, o eixo condutor da análise está ligado à produção específica dos periódicos (revistas e jornais) editados pelas entidades. Presas a interesses bastante amplos, relativos à profissionalização dos professores e aos processos de produção e circulação dos saberes pedagógicos, as iniciativas de investigação detiveram-se, em especial mas não exclusivamente, no material dos periódicos. Tais iniciativas, ao privilegiarem os materiais da imprensa periódica, visaram também a favorecer a sistematização de informações a serem re-utilizadas por outros pesquisadores. Essas preocupações, aliás, estão hoje ligadas aos projetos de elaboração de catálogos e repertórios analíticos da imprensa periódica especializada em educação, ora em desenvolvimento, na FEUSP.[2]

A relevância dos materiais oriundos da imprensa periódica educacional tem sido assinalada por estudiosos como Pierre Caspard (Institut National de Recherche Pedagogique - Paris) e António Nóvoa (Faculdade de Psicologia e Ciências da Educação - Lisboa) que, ao elaborarem seus repertórios analíticos das revistas de ensino francesas e portuguesas, chamaram a atenção

---

últimas décadas" em NÓVOA, A. e BERRIO, J.R. **A História da Educação em Espanha e Portugal - investigações e atividades**, Sociedade Portuguesa de Ciências da Educação e Autores, Lisboa, 1993. Ver ainda JULIA, Dominique "La culture scolaire comme objet historique", conferência de encerramento do ISCHE XV (XV International Standing Conference for the History of Education), jul/93, Lisboa (mimeo).

2 Sobre a Associação Beneficente, ver CATANI, D. B. **Educadores à meia-luz: um estudo sobre a *Revista de Ensino* da Associação Beneficente do Professorado Público de São Paulo (1902-1919)**, São Paulo, FEUSP, 1989, doutoramento. Sobre o CPP, ver VICENTINI, P. P. **Um Estudo sobre o CPP (Centro do Professorado Paulista): profissão docente e organização do magistério (1930-1964)** e LUGLI, R.S.G. **História da Profissão Docente: um estudo sobre o CPP e o movimento de organização dos professores (1964-1990)** (Pesquisas de mestrado financiadas pela FAPESP)

para o fato desses periódicos constituírem um meio muito próprio para a investigação de múltiplos aspectos do funcionamento do campo educacional. Pierre Caspard considera que essa imprensa educacional, ao traduzir as medidas legais em orientações para a prática docente, é elucidativa, entre mais, "da adesão do professores aos valores propostos pelo Estado, tanto quanto em sentido inverso do grau de conformidade dos textos oficiais às aspirações e à ideologia próprias do corpo docente". Na categoria específica da imprensa ligada aos professores, António Nóvoa agrupa os periódicos que testemunham a expressão social desses agentes enquanto grupo. Tomando o caso português, o pesquisador afirma: "Num arco temporal de quase dois séculos, assiste-se à afirmação progressiva de um corpo profissional organizado e às metamorfoses que a história política e cultural foi tecendo na sua imagem, função e poder. Semelhante processo não se desenvolve apenas em torno de reivindicações profissionais ou de defesa de classe, mas é acompanhado pela divulgação de um conjunto de idéias acerca da educação, da instituição escolar e da política educativa ...". Pois bem, são essas peculiaridades do processo de organização profissional e as práticas que as configuram, o que se pode apreender do exame das publicações periódicas das entidades.[3]

Evidentemente, ao reconhecer a importância das revistas como documentos, cabe observar que em nenhum dos casos examinados se pretendeu que esses periódicos sejam fontes exaustivas para o estudo da profissionalização e do movimento dos professores. No que diz respeito à Associação Beneficente, esses materiais se complementam pela recurso a informações variadas advindas das atas de assembléias da entidade, dos **Anuários de Ensino**, dos relatórios de inspetores e de obras memorialísticas, entre outras. No caso do CPP, foram incorporadas informações obtidas mediante a realização de entrevistas com dirigentes da entidade e o exame das atas das reuniões da diretoria e dos jornais **O Estado de S. Paulo, Folha**

3 Ver CASPARD, Pierre (org.) **La presse d'éducation et d'enseignement - XVIII siécle/1940**. Paris, INRP, Éditions du CNRS, 1981, Tome I, espec. p. 8 e NÓVOA, António **A imprensa de educação e ensino - Repertório analítico (século XIX -XX)**. Lisboa, Instituto de Inovação Educacional, 1993, espec. "Introdução", p. L

da Manhã e **Folha de S. Paulo** (a partir de 1961), o qual incidiu sobre os momentos críticos da história da associação. Considera-se necessário ampliar também a análise da configuração global do campo educacional brasileiro nos anos de existência do centro, de modo a conectar os movimentos mais "internos" da vida da categoria profissional aos movimentos mais "externos" da sociedade como um todo. Outro momento previsto consistirá no estudo de outras entidades de defesa do professorado que foram se constituindo em São Paulo.

* * *

A implantação da República no Brasil fez-se a par de intensa atividade no setor educativo, assim desde o final do século XIX observou-se a criação de grande número de escolas, o investimento na formação de professores e a preocupação com a eficiência dos métodos pedagógicos. Um trabalho de delimitação de questões e de um saber específico, pertinente às práticas pedagógicas, evidencia-se com o crescimento do grupo de profissionais. É nesse quadro que surgem as tentativas de congregação dos professores, de criação de entidades e manutenção de periódicos especializados em questões educacionais, que divulgam conhecimentos e propagam as opiniões dos profissionais sobre o trabalho, a qualidade de ensino e os projetos pedagógicos.

Desse modo, o surgimento e a atuação da Associação Beneficente do Professorado de São Paulo concretiza essas tentativas de congregação de esforços e testemunha uma etapa da organização dos profissionais. Reunindo professores que ocupam cargos na Escola Normal, escolas complementares e grupos escolares, desde o início a entidade incluiu no âmbito de suas tarefas e serviços a defesa do grupo profissional, o aprimoramento intelectual, a prestação de serviços de saúde e a assistência financeira em casos de moléstia, invalidez ou necessidade momentânea, além da assistência jurídica. Ao referir-se à Associação Beneficente, um de seus associados usou a expressão "essa jóia engastada na coroa de espinhos do professorado paulista". Estranha expressão a dar a medida de como essa entidade pretendia representar-se como algo precioso, enquanto instância aglutinadora da categoria profissional. De fato, desde a sua criação em 1901, a agremiação auto-definiu-se como "a reunião de todos os professores públicos, de um e de outro sexo, que aderirem aos presentes estatutos e [que] terá por fim, não só proporcionar benefícios a cada um de seus membros, mas também promover a elevação moral e intelectual do professorado público do estado, com a adoção de todas as medidas tendentes a melhorar as condições de classe, tendo sua sede na Capital de São Paulo". (Artigo 1, Capítulo 1, "Estatutos da ABPPSP")

Acompanhando a edição da **Revista de Ensino**, o órgão criado em 1902 pela Associação, pode-se observar mudanças conjunturais na orientação do discurso aí divulgado. Tais modificações sugerem a possibilidade de reconhecer três momentos distintos na vida da entidade. De 1902 a 1904, quando a atuação se faz no sentido de ordenar o espaço profissional, com discursos que veiculam projetos relativos à qualidade de ensino, condições de trabalho, estruturação da carreira e organização do sistema. Discursos moderados, de bons funcionários que, associados ao Estado na empresa de aperfeiçoamento de suas práticas, recebem do mesmo a edição do seu periódico, gratuitamente produzido na Tipografia do Diário Oficial e apresentado como de iniciativa dupla: da Associação e da Diretoria Geral da Instrução Pública.

Em 1904, a elaboração do orçamento do Estado impôs um desconto de 15% ao salário dos docentes a título de colaboração em momento de dificuldade, o que precipitou um acirramento das críticas que antes apenas se esboçavam nas páginas da **Revista de Ensino**. O período de 1905-1910 inicia-se com o progressivo distanciamento da Associação e seu periódico da burocracia do Estado. A radicalização dos discursos leva Artur Breves, então presidente da entidade, a declarar, em seu relatório de 1905: "Ao professorado eu lembrarei, com a necessária modificação o que Carlos Marx disse aos operários, isto é, **que a sua emancipação há de ser feita pelos próprios professores**". Um tal pronunciamento apenas condensava o essencial da posição que vinha sendo defendida pela Associação e que se fortalecera com a eleição de Artur Breves (1904), adepto das idéias socialistas, ex-aluno da Escola Normal e participante ativo da imprensa paulista. Nesse período, o mais combativo da entidade, esta se encontra às voltas com dificuldades financeiras que tornam irregular a edição de seu periódico e, em 1911, a Diretoria da Instrução Pública retoma para si a iniciativa de edição da **Revista de Ensino**, colocando-a, como afirma em editorial, "sob sua imediata orientação" e deixando explicitamente escrito, embora não fosse perceptível de outro modo, a retomada da parceria com a Associação. Cada vez mais a **Revista** tem o tom oficial da Diretoria e os homens da entidade identificam-se com os do Estado.

A análise pormenorizada das práticas da Associação e das atividades de seus membros evidencia o fato de que a entidade operou em grande parte, no âmbito da prestação de serviços hipertrofiando, em alguns momentos, seu caráter assistencialista. É possível, no entanto, considerar que nesse aspecto ela atuava como a maioria das outras associações e ligas, com relação às quais contou com um número significativo de sócios. Em 1907, a Associação Beneficente do Professorado Público de São Paulo chega a contar com mais de 700 integrantes. Por outro lado, nas páginas de seu periódico é possível acompanhar todas as questões que ocuparam o cenário educacional nos primeiros vinte anos do século, aqui no Brasil. Questões pertinentes à formação e às condições do trabalho docente, salário e carreira, bem como à estruturação das escolas e aos fundamentos das "ciências da educação", todos esse temas se fizeram presentes nas produções da **Revista de Ensino**. O discurso da Associação foi fundamental na constituição das questões de ensino que viriam a ser consideradas relevantes e na sagração dos modos de tratar essas questões.

Quer seja por ter assumido, em seu segundo momento, o tom combativo que a pôs em confronto com o Estado, quer seja porque ateve-se ao trabalho de organização e delimitação do campo educacional, a Associação teve sua história praticamente alijada dos relatos e análises da educação brasileira. Vale observar, ainda, que esse alijamento se fez a partir dos próprios educadores que participaram da entidade, que subestimando seu papel referiam-se aos anos imediatos da proclamação da República como o "período áureo" e consideravam-se na penumbra. **Educadores à meia luz**, os homens da Associação que se auto-representam como porta-vozes do professorado paulista articulam, em nome desses, e por vezes com esses, a construção institucional do campo educacional paulista, disputam posições, instauram legitimidades e providenciam tradições unificadoras do espaço profissional. Os principais integrantes da Associação, como Fernando Martins Bonilha (professor do Liceu de Artes e Ofícios e durante muitos anos presidente da entidade), Luis Cardoso, Isidro Denser, Carlos Escobar, Arnaldo Barreto e João Lourenço Rodrigues, entre tantos outros fizeram parte do grupo de educadores que a história da educação brasileira - construída como relato dos grandes debates, das reformas e das grandes instituições - tem condenado à obscuridade.[4]

Nesse processo tem papel importante João Lourenço Rodrigues, que atuou desde o início na entidade e fez uma bem sucedida carreira ocupando todos os postos do sistema de ensino gradativamente e, ao ser nomeado Inspetor Geral da Instrução Pública, incorporou ao programa do órgão que dirigiu boa parte das reivindicações da Associação. Sem mencionar a origem das propostas, João Lourenço estruturou a reorganização dos serviços do ensino público e ao relatar esse período da história da educação em seu livro **Um Retrospecto: Alguns Subsídios para a História Pragmática do Ensino Público em São Paulo**, editado em 1930, apaga a atuação da entidade, mencionando-a uma única vez, sem lhe atribuir qualquer especificidade na atuação. Texto instaurador de uma interpretação histórica da educação e que viria a ser reapropriada por vários estudiosos, este trabalho acaba por prolongar no esquecimento as atividades de organização dos professores, relegando a história de seu movimento a um plano obscuro.

* * *

A Associação Beneficente do Professorado Público de São Paulo interrompeu suas atividades em 1919 e, por uma década, não se tem notícia de outras entidades do mesmo gênero no estado. Em 1930, alguns líderes da Associação Beneficente - Demósthenes Marques, Ernestino Lopes (diretores,

---

4 O exame exaustivo das formas pelas quais se dá a organização do campo educacional paulista no período e a participação dos membros da Associação, no sentido indicado, pode ser lida em CATANI, D.B. op. cit.

respectivamente dos grupos escolares do Cambuci e do Carmo) e o inspetor escolar Cymbelino de Freitas - articularam um grupo de professores para fundar "uma sociedade, sem cor política e religiosa, interessada apenas em defender e amparar a classe, capaz de captar os seus anseios e aspirações". A iniciativa recebeu total apoio do Diretor Geral da Instrução Pública, Amadeu Mendes, que solicitou às chamadas "autoridades escolares" (inspetores e diretores de grupo escolar) sua divulgação junto ao magistério de todo o estado. Amadeu Mendes também cedeu a sala da biblioteca da Diretoria da Instrução Pública para a realização, em 19/03/1930, da primeira reunião da nova entidade, à qual, segundo as atas do CPP, compareceram cerca de 100 pessoas. Aproximadamente um mês depois (30/04), oficializou-se, no salão nobre do Jardim da Infância anexo à Escola Normal, a criação do Centro do Professorado Paulista (CPP), cuja presidência foi entregue a Cymbelino de Freitas, que permaneceu neste cargo até 1932.[5]

A esse primeiro impulso dado ao CPP por parte do Estado, acrescentou-se outro, em 1933, que foi fundamental para a consolidação da entidade - a Diretoria do Ensino autorizou o desconto das mensalidades na folha de pagamento do magistério público, garantindo à associação estabilidade financeira para reverter a crise que enfrentava devido à dificuldade de efetuar a cobrança de todos os associados do estado de São Paulo. Além disso, o CPP foi reconhecido, em 1934, pelo interventor federal (Armando Salles de Oliveira) como entidade de utilidade pública, o que favoreceu, em algumas ocasiões, a isenção de impostos e a concessão de empréstimos por órgãos públicos. Ainda quanto ao gênero de relações estabelecidas entre o CPP e o Estado, é importante lembrar que boa parte de seus dirigentes tem ocupado altos postos administrativos na rede de ensino paulista e seus dois líderes mais expressivos - Sud Mennucci e Sólon Borges dos Reis - exerceram os cargos de Diretor Geral do Ensino e Secretário da Educação em momentos distintos da administração do estado de São Paulo.

---

5 Conve, em 1919, foi criada a Liga do Professorado Católico, entidade vinculada à Cúria Metropolitana. Acerca do processo de criação do CPP, ver: CRUZ, Joaquim Álvares "Como nasceu o CPP". In: **Revista do Professor**, Ano XVII, nº 43, jan/1959, p. 5-8.

No decorrer do processo de estruturação do CPP, a fim de conquistar a legitimidade necessária para afirmar-se enquanto representante do professorado, foi produzido um discurso que reiterava a necessidade da união dos professores em torno de uma associação que, como porta-voz da categoria, expressasse suas aspirações e defendesse seus direitos. Este tipo de discurso passou a ter uma instância privilegiada de divulgação em 1934, quando, devido à estabilidade financeira decorrente do desconto das mensalidades na folha de pagamento, foi criada a **Revista do Professor** - o órgão informativo do CPP. [6] A revista teve sua publicação interrompida entre 1939 e 1949, deixando de circular definitivamente em 1965, no momento em que a entidade, numa tentativa de tornar mas ágil a comunicação com seus associados, substituiu-a pelo jornal **O Professor**, que a partir de 1975 passou a ser o **Jornal dos Professores**, ainda hoje em circulação. Na fase inicial do periódico, inúmeros artigos procuravam atrelar a adesão da categoria ao CPP à conquista do prestígio condizente com a importância da missão desempenhada pelo professor, atribuindo a desvalorização do trabalho docente à falta de "espirito associativista" do magistério. Nesse sentido, a atuação dos organizadores do CPP era enaltecida em contraposição às duras críticas dirigidas ao comportamento da categoria, descrita como individualista, desunida e acomodada no que se referia às reivindicações de seus direitos. Desse modo, os próprios professores eram responsabilizados por todas as mazelas que os afligiam, tais como a baixa remuneração, a sujeição aos chefes políticos e o desprestígio.[7]

O periódico ainda realizava o que Bourdieu denominou "hagiografia do campo", publicando breves descrições da carreira de professores em atividade, nas quais eram exaltadas suas qualidades morais e profissionais, bem como biografias de velhos mestres ou de professores falecidos, tidos como exemplos a serem

6 Cabe dizer que a **Revista do Professor** foi precedida pelo **Boletim do Professor** (1932-1934), do qual não há exemplares remanescentes.

7 Entre os exemplos mais significativos desses artigos publicados pela **Revista do Professor**, temos os seguintes trabalhos: PASTOR, Raimundo "O anverso da medalha" (Ano I, n 2, abril/1934, p. 13-14); PASTOR, R. "Agora, o reverso da medalha" (Ano I, n 3, maio/1934, p. 5-6) e CARVALHO, Teófilo S. "Classe desunida" (Ano I, n 1, março/1934, p. 6).

seguidos pelo magistério em geral. Tanto a **Revista do Professor** quanto o **Jornal dos Professores** também evidenciam a preocupação de preservar a história do sistema educacional paulista, destinando uma seção ao relato da trajetória das diversas escolas existentes no estado. Existe aí um duplo movimento, no qual se articulam dinamicamente uma determinada imagem profissional e associativa com um ideário no qual boa parte dos professores se reconhece. No entanto, não se pode creditar somente a esse discurso em que os associados se reconhecem o sucesso da entidade - o modelo associativo adotado pelo CPP, marcadamente assistencial, parece ser um fator decisivo para garantir a adesão de um número expressivo de professores públicos de São Paulo. Nesse sentido, a análise do periódico oficial do CPP também revela-se de grande valia, pois esse vem funcionando como a principal instância de propaganda dos benefícios oferecidos aos associados mediante uma eficiente rede de serviços estruturada para minimizar as dificuldades cotidianas dos professores. Para tanto, foram organizados os departamentos de saúde e de assistência jurídica com relação aos encargos burocráticos relativos ao exercício da profissão, bem como o setor de lazer que, nos anos 30, promovia bailes e saraus que se tornaram tradicionais na cidade e excursões turísticas a vários estados brasileiros e a outros países. Com o crescimento do CPP, a partir do final da década de 50, passaram a ser construídos centros de lazer em diversos pontos do estado e algumas colônias de férias no litoral paulista e em estações de água.

Além de divulgar os serviços prestados pela associação, o periódico também realiza um "culto" aos presidentes do CPP que permaneceram por longos períodos no cargo e são considerados como os "grandes líderes" da entidade: Sud Mennucci - à frente da associação entre 1933 e 1948 - e Sólon Borges dos Reis, seu presidente desde 1956 e que recentemente foi Secretário Municipal da Educação e vice-prefeito de São Paulo na gestão de Paulo Maluf (1993-1996). No discurso veiculado pelo CPP, Sud Mennucci é tido como o fundador da entidade e o principal responsável pela sua consolidação nos anos 30. O seu papel na criação do CPP, conclamando o magistério a aderir à nova associação através do jornal **O Estado de S. Paulo**, no qual trabalhava como redator, bem como o fato dele ter assumido a presidência da associação num momento de grave crise financeira, eram freqüentemente lembrados pelo periódico. Ressaltava-se, ainda, a competência de Sud Mennucci na administração do CPP que, mediante a estruturação dos serviços de Secretaria e de Procuradoria promovida por ele, superou a crise desencadeada em 1932 a ponto de adquirir, em 1936, sua sede própria localizada na Av. Liberdade. Além disso, suas qualidades morais, intelectuais e profissionais como defensor do ruralismo pedagógico, jornalista e crítico literário eram constantemente exaltadas nas páginas da **Revista do Professor**. Após o falecimento de Sud Mennucci em 1948, a sua memória passou a ser cultivada mediante comemorações do aniversário de sua morte e inúmeras homenagens que o apresentavam como um exemplo a ser seguido por todo o magistério.

A morte do "grande líder" desencadeou um período de instabilidade na cúpula do CPP que somente se encerrou em 1956, com a eleição Sólon Borges dos Reis para a presidência da entidade. Ele conseguiu consolidar-se no cargo devido, em grande parte, à retomada do mecanismo de propaganda estabelecido por Sud Mennucci, havendo inúmeras reedições de sua biografia e incontáveis elogios à sua inteligência, caráter e habilidade enquanto mediador das reivindicações dos professores junto ao Estado no órgão informativo do CPP. Apresentado como benfeitor do magistério, poeta, jornalista e advogado, Sólon Borges dos Reis chegou a ser representado numa charge bastante significativa do Jornal dos Professores como um "cavaleiro andante a serviço do magistério". Contribuiu para a constituição dessa imagem de "grande líder" a expansão dos quadros sociais e, conseqüentemente, do patrimônio do CPP, pois durante a sua gestão o número de associados elevou-se de aproximadamente 15.000 (em 1956) para os atuais 110.000, o que possibilitou à entidade, entre outras coisas, inaugurar uma nova e ampla sede própria no centro da cidade de S. Paulo, criar inúmeras sedes regionais no interior do estado e aumentar o número de colônias de férias.

No caso de Sólon Borges dos Reis, o "culto à personalidade" teve claramente a função de elegê-lo deputado estadual e federal, concretizando o projeto que o CPP desde os seus primeiros anos de existência tinha de eleger um "representante do professorado".

Ainda na década de 30, diversos artigos da **Revista do Professor** lamentavam o fato dos professores não terem se conscientizado de que a eleição de um "representante da categoria" era a melhor forma de obter o atendimento das reivindicações do magistério. Somente a partir do final dos anos 40, tal objetivo concretizou-se, com a eleição de alguns presidentes do CPP para a Assembléia Legislativa do estado, como Arnaldo Laurindo (que ocupou o cargo entre 1949 e 1952) e Joaquim Silvério dos Reis (cujo mandato compreendeu o período 1952-1956). O pleno êxito desta espécie de campanha deu-se apenas com Sólon Borges dos Reis, eleito deputado estadual pela primeira vez em 1958 e reeleito várias vezes depois. Vale dizer que, mesmo participando do processo eleitoral paulista, o CPP insiste em definir-se como uma associação neutra em termos políticos pelo fato de manter em seus quadros associados das mais diversas correntes ideológicas e de nunca ter assumido claramente um posicionamento político. Ao negar qualquer envolvimento político, o CPP faz questão de atribuir suas decisões a motivos puramente profissionais, dizendo que "os interesses da classe" estão acima da opção política de cada um.

Cabe aqui ressaltar que o estilo adotado por Sólon Borges dos Reis era completamente diferente de seus antecessores, pois, ao assumir a presidência do CPP, ele organizou grandes campanhas salariais, tornadas bastante visíveis por meio de enormes passeatas até o Palácio do Governo. A primeira eleição de Sólon Borges dos Reis para deputado estadual praticamente coincidiu com início das campanhas realizadas pelo CPP em prol de melhores vencimentos que marcaram uma mudança na atuação da entidade com relação ao encaminhamento das reivindicações salariais do magistério. Apesar das mudanças introduzidas por Sólon Borges dos Reis, a argumentação em prol do magistério retomava concepções expressas na época da criação do CPP, pois lamentava as discrepâncias existentes entre a "nobreza da missão" desempenhada pelo professor e a baixa remuneração da categoria.

Essas mobilizações tiveram seu ápice em outubro de 1963, quando o magistério público de São Paulo, durante a gestão de Adhemar de Barros, realizou a primeira greve da história da categoria. Deflagrada num momento de intensa agitação política

- cerca de seis meses antes do Golpe Militar de 1964 -, a paralisação durou uma semana e obteve o atendimento das reivindicações dos professores que, no Comando Geral de Greve, tiveram o CPP representando o setor primário e a APESNOESP (Associação dos Professores do Ensino Secundário e Normal Oficial do Estado de São Paulo), entidade criada em 1945, o secundário. A greve teve ampla cobertura dos jornais **Folha de S. Paulo** e **O Estado de S. Paulo** que, em editoriais, manifestaram seu apoio ao movimento, atribuindo a atitude extrema da categoria ao total descaso do governador quanto à situação do magistério paulista e destacando o comportamento exemplar do professorado durante toda a paralisação. A esse respeito, convém observar que o CPP procurou constituir um modo "professoral" de se manifestar, recomendando aos grevistas que mantivessem a ordem, a disciplina e o respeito às autoridades constituídas, de modo a apresentar uma conduta compatível com "a grandeza de sua missão" e que os diferenciasse do operariado. É interessante notar, ainda, que esses termos são utilizados pelo CPP até hoje para caracterizar um "modo de agir" próprio à categoria profissional, no qual a adequação e a disciplina advém do tratamento dos temas referentes ao ensino em termos exclusivamente profissionais, mantendo a suposta neutralidade política mencionada anteriormente. Dessa forma, é recorrente a menção à justiça das causas defendidas pelo CPP, bem como a defesa dos direitos adquiridos.

Esse tipo de argumentação foi questionado durante as greves de 1978 e 1979 que constituem momentos de grande interesse para a história do movimento docente. Estas greves inserem-se no movimento mais amplo do "novo sindicalismo" que surge durante o período de abertura política e representam, indubitavelmente, uma enorme mudança, com o aparecimento de novas lideranças entre os professores, partidárias de uma nova perspectiva que considera o professor como "trabalhador em educação". Esta concepção expressa a deterioração das condições salariais e de trabalho causadas pela crise econômica e se contrapõe fortemente à idéia anterior da profissão como sacerdócio. Houve uma grande adesão dos professores a essa idéia resultando, em 1978, numa greve realizada à revelia das associações de professores - CPP e APEOESP (Associação de

Professores do Ensino Oficial do Estado de São Paulo) -, por um comando independente e politicamente situado à esquerda. A crise de legitimidade das lideranças tradicionais era evidente - estas ficaram alheias ao movimento e o **Jornal dos Professores** publicou uma avaliação extremamente severa a respeito, na qual considerava a greve injustificada, de vez que o governo estava proporcionando benefícios aos professores e inclusive dava andamento ao Estatuto do Magistério. Além disso, considerava que essa greve foi uma tentativa de levar as associações de professores a se envolverem com o ativismo político-ideológico, o que era frontalmente contrário à suposta política de neutralidade do CPP.

O desenlace dessa crise de legitimidade e a reorganização de forças no campo educacional deu-se em 1979, a partir de dois acontecimentos: uma nova greve para reivindicar aumento salarial e a eleição de uma diretoria para a APEOESP vinculada ao movimento de oposição dos professores. Quanto à greve, o CPP tomou parte na mesma devido ao baixo índice de reajuste salarial proposto pelo governo e, no entanto, decidiu pelo retorno ao trabalho antes que o Estado houvesse feito uma proposta para negociação salarial, criticando severamente as demais associações docentes. Essa atitude levou um dos líderes do Comando Geral de Greve a declarar à Folha de S. Paulo que a diretoria das associações de professores (CPP e APEOESP) seria substituída nas próximas eleições por verdadeiros representantes dos interesses docentes. Essa promessa se concretizou somente no caso da APEOESP, sendo que há o registro de tentativas de organização de oposição no CPP que encontraram severas resistências.

A partir desses acontecimentos, instaura-se uma polarização entre as associações que procuravam representar os professores paulistas: de um lado, encontra-se o CPP, geralmente identificado como conservador, de métodos pouco combativos e de outro a APEOESP, entidade politicamente comprometida com os setores de esquerda. Essa polarização foi "incorporada" aos estudos sobre a história do movimento dos professores, os quais consideram que o "verdadeiro" movimento dos professores surgiu em 1978-79, ignorando toda uma tradição anterior que dá sentido a essa nova concepção de profissão docente. Em decorrência disso, as referências ao CPP ou à história da APEOESP anterior a 79 limitam-se, na maior parte dos casos, a notas de rodapé das pesquisas sobre o movimento associativo dos professores. Essas pesquisas constróem uma história da profissão docente que exalta os heróicos líderes que transformaram radicalmente as formas reivindicatórias e a imagem profissional do professor, omitindo-se sobre as questões relativas a uma tradição associativa incrivelmente resistente, a qual permanece a mesma há mais de seis décadas. No entanto, é inegável que o CPP tem tido grande influência sobre o magistério paulista, mesmo quando eleito símbolo de tudo o que deveria ser eliminado e superado na estratégia sindical dos professores públicos, e dessa forma, possui grande interesse para a história da educação paulista, bem como para os estudos relativos à profissão docente em nosso país.

A EDUCAÇÃO PELAS LEITURAS: REGISTROS DE UMA REVISTA ESCOLAR (1930/1960)*

Cynthia Pereira de Sousa
(Universidade de São Paulo)

Uma das formas de se proceder ao mapeamento da "cultura escolar brasileira" é, sem dúvida, o estudo da imprensa periódica da educação e do ensino. Os estudos empreendidos por Pierre Caspard, na França e António Nóvoa, em Portugal [1], com a finalidade de localizar, organizar e sistematizar uma vasta produção em seus países teve como finalidade principal possibilitar o acesso de pesquisadores a essas importantes fontes. Seja enquanto imprensa educacional no seu conjunto, seja em relação a determinados impressos ou, ainda, por meio de seleções temáticas, a análise de tais fontes, de inestimável valor histórico, muito pode contribuir para enriquecer nossos conhecimentos sobre as questões educacionais, aí incluídos os "discursos sobre a leitura".

O material selecionado para esta pesquisa é composto por uma revista publicada, durante 30 anos, em um colégio católico feminino da cidade de São Paulo. Esse periódico possibilita, além do estudo do seu ciclo de vida, estabelecer, por meio das várias seções que o compõem (editoriais, artigos, listas bibliográficas, cartas de leitores, consultas, respostas da redação, anúncios de livros e livrarias, etc), as mensagens de orientação de conduta da leitora, traduzidas em normas prescritivas de comportamento e modelos de atitude diante dos livros e das leituras, entendidos como parte significativa da sua formação mais geral e, acima de tudo, da formação do seu caráter, de sua moralidade.

O que buscamos nessa publicação é fazer emergir os textos que, de forma específica ou indiretamente, fazem referência à formação, tomada em sentido amplo, e à educação, intra e

* Esta pesquisa contou com Bolsa de Produtividade em Pesquisa concedida pelo CNPq.

1 Pierre Caspard-Karydis et al. **La presse d'éducation et d'enseignement - XVIIIe siècle/1940.** Paris, INRP/Editions du CNRS, 1981 e António Nóvoa. **A imprensa de educação e ensino. Repertório analítico (séculos XIX-XX)**. Lisboa, Instituto de Inovação Educacional, 1993.

extramuros escolares, dirigidos às meninas e moças e destacar as representações, prescrições e práticas de leitura. Uma seleção temática desta ordem é uma dentre outras possibilidades, que pode servir como referência e como ponto de partida para novas investigações[2].

A Revista **Auxilium** *do Colégio Santa Inês*

O Colégio Santa Inês (Instituto Educacional das Filhas de Maria Auxiliadora) foi fundado em 1907, marcando a vinda das Irmãs Salesianas para o Brasil. Em 1930, começou a publicar a Revista **Auxilium,** porta-voz da direção do colégio, com espaço aberto para notícias e colaborações de outras casas mantidas pela congregação. Os exemplares encontrados na biblioteca do Colégio vão de junho de 1930 (nº1) até junho/dezembro de 1960, totalizando 201 números dessa publicação.

Nas várias seções da revista **Auxilium** há um grande número de referências sobre formação/educação feminina, baseadas em modelos de virtude e de comportamento, que devem ser construídos e preservados na prática cotidiana dos deveres da moça católica e para o qual concorrem os "bons livros" e as leituras piedosas, edificantes e formadoras do caráter.

A criação dessa revista foi alvo das bênçãos de Dom Duarte Leopoldo e Silva, Arcebispo Metropolitano de São Paulo. No seu editorial de apresentação, a Revma. Madre Francisca Lang fala do desejo de conhecer e de se aproximar das inúmeras ex-alunas espalhadas por vários estados brasileiros. A revista seria o meio pelo qual esse conhecimento e essa reunião poderiam ser realizados para falar das "coisas nossas", para que as ex-alunas revivessem "as gratas recordações da (...) infância". O editorial, ou página de abertura do primeiro número, afirmava que as leitoras saberiam que "na Capela do vosso Colégio reza-se ainda por vós", pois as alunas ainda eram alvo do "amor maternal da Virgem", numa clara alusão ao fato de que se pretendia manter

2 Sobre outras possibilidades de investigação no trabalho com imprensa periódica educacional, consultar Cynthia Pereira de Sousa & Denice Barbara Catani. **A imprensa periódica educacional e as fontes para a História da Cultura Escolar Brasileira.** Revista do Instituto de Estudos Brasileiros, São Paulo, nº 37, 1994, p. 177-183.

viva a influência do colégio para além do tempo e para fora dos muros escolares. "A nossa cara **Revista** vos levará o conselho e a recordação afetuosa das vossas antigas superioras...". O título da revista foi a última etapa do processo de criação do periódico: "Decidida a publicação da nossa **Revista**, traçado o plano da sua ação, determinadas as dimensões e a qualidade do material, restava batizá-la, individualizá-la, dar-lhe um nome, em suma. Mas era preciso que esse nome fosse a cristalização dos motivos de sua existência, um nome evocativo, **como que uma senha**" (grifos meus)[3].

Não deixa de ser muito sugestiva a qualificação dada ao nome - "uma senha" - a facultar o acesso à leitura dos seus conteúdos e, deste modo, "auxiliar" aquelas meninas, moças e mulheres no itinerário da vida escolar e no enfrentamento e resistência aos obstáculos da vida em sociedade, tendo como fundamento um modelo de virtude e comportamento. A publicação pretendia atuar, principalmente, no universo comum das alunas, mas envolvendo também as ex-alunas da instituição e suas famílias, o quer pode ser atestado pela presença quase que constante de espaços destinados às ex-alunas nas páginas da revista. Os obstáculos a enfrentar eram a "educação moderna", "a invasão corruptora do modernismo", que punham em perigo as "bases do edifício da moral cristã": "**Auxilium**! Não carecem as nossas ex-alunas de auxílio para se conservarem boas no turbilhão do mal que convulsiona a sociedade? Nestas páginas encontrarão uma exortação materna e carinhosa das nossas queridas superioras, um convite, um exemplo; enfim, algo que lhes venha sacudir o espírito, avivar o fervor, fortificar a virtude"[4].

Mapeamento da Revista Auxilium

Uma das preocupações no estudo deste periódico foi a de encontrar registros claramente indicados no corpo da revista sobre mudanças efetuadas (formato, periodicidade, avisos e/ou chamadas sobre novas diretrizes, interrupção de publicação de seção) além, evidentemente, das representações sobre a revista que suas responsáveis deixaram expressas. Depois de se proceder

3 **Auxilium,** nº 1, jun. 1930.

4 Idem, Ibidem.

ao mapeamento dos números publicados da revista **Auxilium** observamos mudanças no plano inicial de sua publicação, que dizem respeito ao tipo de periodicidade: a revista foi criada para aparecer de três em três meses mas, a partir do nº 6, passa a ser bimensal e, no nº 9 (1932) passa a ser mensal. Todavia, a partir de setembro, e até o mês de dezembro, dois números conjuntos são publicados em setembro/outubro e em novembro/dezembro. Nos anos de 1933 e 1934, a publicação sai todos os meses. A partir de 1935 há várias mudanças como, por exemplo, a edição de um número apenas relativo aos meses de férias (janeiro e fevereiro) e ao final do ano (novembro e dezembro); além disso, a revista começa a aparecer no mês de março e é abolido o número referente a dezembro. A partir de 1941, e estendendo-se até o ano de 1946, ocorrem confusões quanto ao número publicado. Colocamos entre [ ] qual deveria ser a numeração correta. É nesse mesmo ano que a revista deixa de indicar o número da publicação, o que se repete até 1957. Nesse ano a indicação é restabelecida até o último número (201), referente aos meses de junho/dezembro de 1960.

Conteúdos da Revista

Tomando como ponto de partida seu primeiro número, verificamos que na primeira contracapa não há conselho ou comissão editorial assinalados; há duas fotos da fachada do colégio, com a indicação dos cursos e regimes mantidos: curso elementar, complementar, normal, em regime de internato, semi-internato e externato, além de cursos particulares de música, pintura, datilografia, flores, etc. Compõe-se das seguintes seções: Apresentação; Celebração do onomástico de madres da cúpula; publicação de cartas de freiras; poemas e sonetos de ex-alunas; "De São Paulo ao Amazonas", constituída por fragmentos de diário de viagem de madre missionária pelo interior do Brasil (esta seção, que vai mudando de título, será uma constante em praticamente todos os números publicados da revista, com relatos feitos por freiras e padres salesianos); "Das nossas casas", com notícias sobre outros estabelecimentos educacionais mantidos pela congregação; aviso de que, no planejamento da revista, iriam publicar, em cada edição, "trechos da biografia da 1ª Superiora Geral das Filhas de Maria Auxiliadora, Madre Maria Mazzarello,

Números Publicados (1930-1960)

NOS	JAN	FEV	MAR	ABR	MAIO	JUN	JUL	AGO	SET	OUT	NOV	DEZ
1930						1		2				3
1931			4			5	6	6	7	7	8	8
1932	9	10	11	12	13	14	15	16	17/18	17/18	19/20	19/20
1933	21	22	23	24	25	26	27	28	29	30	31	32
1934	33	33	34	35	36	37	38	39	40	41	42	43
1935	44	44	45	46	47	48	49	50	51	52	53	54
1936		55	56	57	58	59	60	61	62	63	64	65
1937	66	66	67	68	69	70	71	72	73	74	75	75
1938	76	76	77	78	79	80	81	82/83	82/83	84/85	84/85	
1939			86	86/87	87	88	88	89	89	90	90	
1940		91	91	92	92	93	93	94	94	95	95	
1941				94[96]	94[96]	94[96]	94[97]	94[97]	94[97]	95[98]	95[98]	
1942		96[99]	96[99]	96[99]	97[100]	97[100]	97[100]					
1943					97[101]		98[102]	99[103]			100[104]	
1944	100[104]		101[105]		102[106]	103[107]	103[107]					
1945	105[108]	105[108]	106[109]	106[109]	107[110]	107[110]	109[111]		110[112]	110[112]	111[113]	
1946	111[113]		112	113	114	115/116	115/116	[117]	[118]	[119]	[120]	
1947		[120]	[120]	[121]	[123]	[124]	[125]	[125]	[125]	[126]	[127]	[127]
1948			[128]	[129]	[130]	[131]	[131]	[132]	[133]	[133]	[134]	[134]
1949			[135]	[136]	[137]	[138]	não	não	[139]	[140]	[141]	[141]
1950			[142]	[143]	[144]	[145]	[145]	[146]	[147]	[147]	[148]	[148]
1951			[149]	[150]	[151]	[152]	[152]	[153]	[154]	[155]	[155]	
1952			[156]	[157]	[158]	[159]	[159]	[160]	[161]	[162]	[162]	
1953			[163]	[164]	[165]	[166]	[166]	[167]	[168]	[168]	[168]	
1954	[169]	[169]	[169]	[170]	[170]	[171]	[171]	[172]	[173]	[174]	[174]	
1955	[175]	[175]	[175]	[176]	[176]	177	177	178	179	180	180	
1956	181	181	181	182	183	183	184	184	185	186/187		
1957			187	188	188	189	189	190	191	192	192	
1958			193	193	193	194	194	195	195	195	195	
1959				197	197	198	198	198	198	199	199	199
1960			200	200	200	201	201	201	201	201	201	201

a fim de avivar entre nossas ex-alunas, os sentidos da devoção para com a grande e santa discípula do Beato D. Bosco"; "Noticiário", sobre as casas, colégios, obras de ex-alunas, fundação de centros, etc.; aviso final, de que "as colunas da Revista estão à disposição dos Colégios e ex-alunas". Esta primeira edição contém 12 páginas.

Cinco anos depois da criação do periódico, o nº 46 (abr.1935) vem a lume com muitas novidades: seções antigas que passam a ter outros nomes, inclusão de novas seções e extinção de outras.

As matérias constantes de todos os números da revista são fruto da colaboração das madres e irmãs, das alunas do colégio e, às vezes, das integrantes de outros colégios da Congregação, sediados em outras cidades brasileiras, além da participação, "sempre bem-vinda", de ex-alunas. A maioria das seções não leva assinatura, nem mesmo aquelas que podem ser classificadas como artigos. Quando há algum tipo de identificação, ela vem sob a forma de pseudônimos (por ex.: Salis); iniciais (por ex.: "I.L"., que pode muito bem ser Irmã ...; ou "M. L.", que podem ser as iniciais de alguma aluna colaboradora); ou, ainda, apenas "uma ex-aluna". Isto pode ensejar interpretações de que o valor maior estava em uma produtiva colaboração com a revista, não importando muito a autoria dessa colaboração. A partir dos anos 40, entretanto, as indicações do curso, série e nomes de alunas começam a aparecer com maior freqüência, dando visibilidade às suas autoras e, certamente, como estratégia pedagógica para estimular a participação e o envolvimento de outras alunas e ex-alunas.

O exame das seções que compõem os números da revista revela em quais delas se localizam, costumeiramente, os espaços reservados às matérias produzidas ou compiladas por madres e irmãs e aqueles destinados à colaboração de alunas e ex-alunas. Além disto, seções que, à primeira vista, parecem ter sido incluídas na revista são, na realidade, a continuidade dos mesmos assuntos (por ex.: "Seção Missionária" / "Pelas Nossas Missões" / "Das Nossas Missões"). Sob esta ótica, a **Apresentação** é a página de abertura ou "editorial". Somente no nº 46 é que começa a aparecer um "sumário" do conteúdo da revista. A seção denominada **Atividades de apostolado** desdobrou-se em outras com o título de "Apostolado Missionário", "Apostolado de

Crianças", "Seção Missionária", "Pelas Nossas Missões", "Seção Das Nossas Missões". Na seção **Biografias** dava-se conhecimento das histórias de vida de figuras importantes da congregação; na seção **Cartas** transcrevia-se a correspondência de madres da cúpula; na parte dedicada à **Celebração de onomásticos** de figuras da congregação e do clero em geral (que depois passou a se intitular "Página de Ouro") renovava-se o espaço para a comemoração de vidas virtuosas, o mesmo ocorrendo com a seção **Necrologia**, inclusive de alunas e ex-alunas. Nos anos iniciais e, muito provavelmente, para fazer frente aos custos de publicação, a revista tinha espaço para **Anúncios** de casas comerciais (em geral na última contracapa), farmácia, confeitaria, fábrica de vassouras, médicos, hotéis. **Avisos diversos** insistiam sobre a necessidade de se ler a revista e de arranjar mais assinantes, além do fato de se colocar como "dever" de toda ex-aluna fazer uma assinatura do periódico. Outros informavam sobre o concurso do Mês; sobre doações da comunidade feitas às campanhas promovidas pelo Colégio. Uma seção mais constante é a do **Noticiário,** com notícias várias sobre o Colégio Santa Inês, suas festas de formatura; atividades do Oratório Festivo, da Escola Noturna; páscoa das ex-alunas; páscoa das alunas regulares e de seus pais. Junto com os textos, a revista é composta por muitas **Fotos** de outros edifícios escolares ou de aspectos do seu interior; de retratos de madres e padres da Congregação; de outros colégios mantidos pela congregação; de alunas, individualmente, ou de grupos de alunas, em situações escolares ou extra-escolares tais como: festas de formatura; comemoração da Páscoa; demonstrações de ginástica em datas cívicas; "rainhas" vencedoras de certames catequistas e outros concursos; em retiros espirituais; em passeios de um dia e excursões mais longas etc. Não foi possível estabelecer a autoria das fotos, mas tudo leva a crer que tenham sido tiradas por algum profissional, nas situações mais formais como festas e comemorações, mas também pelas próprias irmãs, durante passeios, excursões ou atividades mais corriqueiras da vida colegial.

A constante utilização da imagem fotográfica na produção da revista ainda que, tecnicamente, a sua reprodução deixe muito a desejar, talvez possa ser percebida como uma intenção deliberada de fixar momentos e pessoas, mais imediatamente "visíveis" e "eloqüentes" do que o texto escrito, com a finalidade de compor aquilo que poderíamos chamar de um verdadeiro "álbum da família inesiana". O recurso às fotomontagens, parte integrante de suas edições, traduz a tentativa de sintetizar em uma só imagem os vários espaços abarcados pelo "universo salesiano". Outros dispositivos, como a reprodução das vidas virtuosas de Madre Mazzarello e Dom Bosco na forma de histórias em quadrinhos, evidenciam diferentes estratégias de atração de leitoras (e talvez de seus irmãos e irmãs menores) para a transmissão de suas mensagens.

Com relação aos **Textos** publicados na revista é possível estabelecer distinções quanto à sua natureza. Há, por exemplo, textos sobre a "Associação de Ex-Alunas", que mais tarde vai constituir a "Seção das Ex-Alunas", para depois se transformar na Seção "Pró-Cultura Moral das Ex-Alunas", obviamente um espaço de colaboração de antigas alunas e que trazem, no seu conjunto, inúmeras prescrições sobre modos de pensar e agir, contribuindo para a reprodução e consolidação de um certo modelo de formação/educação feminino. Um número grande de textos aparecem na revista, nem sempre assinados (às vezes só com as iniciais) contendo, em geral, conselhos e exemplos a ser seguidos; textos sobre a pedagogia de Dom Bosco; crônicas sobre a infância de Dom Bosco, de Santa Maria Mazzarello e de São Domingos Sávio; textos apologéticos, de autoria de alunas e de ex-alunas sobre membros da cúpula da congregação (Seção "Página Salesa") ou de figuras católicas exemplares ou, ainda, transcrição de textos literários traduzidos; também aparecem traduções de textos, capítulo após capítulo (a Seção **Folhetim** tem início em 1935, nº 46) ou contos completos (Seção "Nosso Conto do Mês"), nos quais os bons exemplos e as virtudes são o foco principal. São freqüentes os hinos a Dom Bosco e a Santa Maria Mazzarello; proliferam poesias, poemas e sonetos de autoria de alunas, ex-alunas, irmãs ou outros autores. A revista é, também, o espaço ideal para a transcrição de discursos de professores como paraninfos e de autoridades públicas convidadas para festas do colégio. Em uma dessas ocasiões, Lourenço Filho foi o paraninfo da formatura de alunas do Curso Normal e seu discurso foi transcrito na revista[5].

5 **Auxilium**, nº [169], jan./fev./mar. 1954, p. 6-8

Alguns dos episódios do cotidiano escolar relatados pelas alunas podem ser captados nas seções "Nossa Crônica Trimestral", que depois passou a intitular-se "Um trimestre de vida colegial", depois "Dois meses de vida colegial" e, finalmente, "Crônica do Colégio Santa Inês". A seção "Colaboração Escolar" era um espaço reservado à participação das alunas, em geral ginasianas, com versos e redações escolares e, mais tarde, com informações "curiosas e interessantes". Às meninas do curso primário instituiu-se a seção "Página Amena", que começa a aparecer na 2ª e 3ª contracapas (nº 25, maio 1933), apresentando problemas feitos na forma de "concursos" (vai transformar-se na seção "Nossos Concursos"). A partir do nº 34 (março,1934), a seção "Página Amena" toma um perfil mais definido, mantendo-se assim a cada número publicado com adivinhações, perguntas, piadas leves, historinhas com fundo moral, charadas enigmáticas, charadas novíssimas, como fazer desenhos simples, além das respostas referentes ao número anterior.

Formação/ educação feminina

Uma das seleções temáticas que efetuamos diz respeito à formação/educação feminina. A tônica do discurso é sempre a mesma: a construção, o desenvolvimento e a solidificação de certo modelo de comportamento, para o que também concorrem as leituras e os livros "edificadores do caráter". De forma mais ou menos freqüente aparecem comentários sobre qual deva ser a atitude das meninas e moças com relação aos filmes que passam nos cinemas, aos bailes, enfim, à "verdadeira" condição da mulher que se diz católica. A "Seção das Ex-Alunas" é pródiga em conselhos sobre como a mulher deve conduzir-se na vida e, no presente caso, além das palavras contundentes, a identidade da colaboradora da revista é o que menos importa, reduzindo-se a "palavras de uma distinta ex-aluna", qualificativo que lhe atribui o próprio periódico.

"É da esposa, é da mãe cristã que o mundo espera a sua regeneração. (...) Não desmereçamos essa missão divina de que estamos investidas. (...) Não permitamos continue campeando esse desenfreio de importação barata de povos, onde opera a licenciosidade; declaremos guerra ao cinema, que cousa não é, hoje, que a apologia do mal; à extravagância das modas, que tendem a uma redução apavorante da decência feminina; às danças pouco delicadas e à literatura dissolvente, impudica, que tudo contamina e macula"[6].

Sobre a freqüência ao cinema, uma aluna da 5ª série do colégio mandou sua colaboração à revista descrevendo uma conversa que teria ouvido de um grupo de meninas na hora do recreio, sobre as últimas novidades em matéria de filmes passados no Cine Metro:

"-Vais hoje ao Metro, Maria? A fita é formidável!

- Como se chama?

- Amor de Perdição...

- Ah! O folhetinho diz que não é fita digna de ser assistida.

- Qual! Que tolices! Assisto a fitas proibidas pelo folheto e não vejo nada de mal nisso. Vai da malícia.

- É mesmo, não? Contudo, a mamãe é tão severa....

A conversa continua. A pobre Maria acaba cedendo à amiga. Vai pregar uma peça à mamãe, dizendo-lhe que a fita é boa, de cotação aconselhável, etc. Pobrezinha...Se a mamãe não tiver ocasião de ver os cartazes e refletir sobre o nome da fita, fatalmente Maria voltará para casa com a lama manchada. E depois? O que sucederá? Atrás de uma falta virá outra e a salvação de Maria estará em perigo (...)". [7]

As reiteradas advertências sobre como comportar-se nas horas de lazer, nas quais era preferível ocupar-se de coisas mais virtuosas, são sinais claros de que, na realidade, nem todas as adolescentes privavam-se de divertimentos. À pergunta: "Há perigo em freqüentar os bailes?" seguem-se outras tantas (um verdadeiro exame de consciência) que, se respondidas afirmativamente, "sem necessidade de desculpas", são garantia de um divertimento "sadio":

"Quando pensas no baile, a tua mente eleva-se a Deus?

Quando te enfeitas para ir ao baile tens sempre o pensamento voltado para o teu Anjo da Guarda?

Quando estás no baile, estás unida a Jesus?

Quando danças és humilde e rezas?

Quando, no baile, observas outras bailarinas, te sentes impelida

6 **Auxilium**, nº 35, abril 1934.

7 **Auxilium**, nº 79, maio 1938.

à virtude?
Quando, no baile, és observada, edificas os outros com o teu modo de proceder?
Quando voltas do baile tens sempre contigo a graça do Senhor?
Quando chegas a tua casa podes dizer que te conservas ainda como quando saíste?
Quando, após um baile vais descansar, como rezas e agradeces ao bom Jesus?
Quando te encontras a sós com tua consciência, tens a paz e estás contente?
Quando, enfim, recordas o baile, encontras a alegria do dever cumprido?" [8]

O texto assevera que, em caso negativo, ou se a moça "sacode os ombros com desprezo", então nada mais resta a fazer senão "compadecer da tua alma: és como uma infeliz enferma, que não sente mais o mal, porque está muito próxima da morte".

Livros, leituras e bibliotecas na revista

Recomendações, representações e prescrições sobre livros e leituras começam a aparecer na revista desde 1934. Um conto exemplar, assinado apenas com a letra "O." e intitulado "O primeiro romance", narra a história de uma menina chamada Cecília, cujas amigas de colégio, dirigido por freiras, gabam-se de ter toda a liberdade para fazer o que bem entendem, inclusive para ler romances. Passando por uma esquina, Cecília depara-se com um vendedor ambulante que expunha revistas e "livros pomposamente intitulados (...) atraindo os olhares e suscitando desejos...". Vai para casa cheia de tristeza e não se esquece do livro que vira na banca. Passados alguns dias, as aulas acabam mais cedo e Cecília disso se aproveita para ir até a banca, comprando o livro. Chega em casa, tranca-se no quarto e começa a lê-lo às escondidas.

"O primeiro romance...a princípio a mocinha lutara contra a consciência, agora estava dominada, vencida, ganha, como se um fluído misterioso lhe tivesse enfraquecido a vontade, amortecido a razão, deixando apenas livre a sensibilidade"[9].

Um pequeno incidente vai pôr fim ao deleite: o irmão

8 **Auxilium**, nº 34, mar. 1934.
9 "O primeiro romance". **Auxilium**, nº42, nov./1934. p.9-11.

menor, chamando-a da janela para lhe mostrar sua fantasia de soldado, não consegue atrair sua atenção; com um cabo de vassoura pretende cutucá-la, mas acaba derramando o líquido do tinteiro sobre o livro da irmã. Cecília fica furiosa mas, ato contínuo, volta os olhos para a imagem da Virgem Maria e relembra os votos feitos quando se tornara Filha de Maria. Percebe que o incidente fôra providencial e conta tudo à mãe. "A boa senhora folheou o livro, examinou-o ... a seiva venenosa ainda não havia penetrado no coração da filha. (...) Devolve à filha o livro perigoso" [10]. Final da história: o livro foi parar no fogo.

Não sabemos se um certo livro — "História do mundo para as crianças"— teve o mesmo fim, mas a história contada por uma ex-aluna é exemplar. Seu depoimento, rico em detalhes sobre sua vida como interna no colégio, é aqui parcialmente reproduzido. Intitulamos esta passagem **Monteiro Lobato - leitura proibida, "escondido na caixa de costura".**

"Monteiro Lobato, proscrito. Eu escondi um livro de Monteiro Lobato na caixinha de costura. Era **A história do mundo para as crianças**. Por que? Porque era comunista. (...) Comunista também comia gente, comia criancinha. Maçom e comunista era uma coisa assim terrível no mundo. E eu tinha verdadeiro pavor. Quando eu soube que meu avô tinha sido maçom, eu escondia como se fosse a maior vergonha possível. Depois é que eu vim a saber o que era a maçonaria e então, tudo mudou na minha cabeça. Mas eu tinha verdadeiro pavor de que alguém descobrisse. Então, nessa entra Monteiro Lobato, porque Monteiro Lobato era comunista e aquela coisa toda. E elas acharam o livro de Monteiro Lobato dentro da minha caixa de costura. Acharam. Porque a caixa de costura era assim, nós tínhamos a sala de costura, onde nós íamos aprender a fazer os trabalhos manuais, a bordar, tudo, mas além disso, toda semana quando a lavanderia mandava prá sala de costura as nossas meias prá serem serzidas, e a caixa era o banco, a gente levantava uma tampinha, era debaixo do banco, e, não sei porque eu fui pôr lá, porque ali era um lugar evidente, se elas iam pôr as meias - prá ver como eu era tonta, né ? - se elas iam pôr as meias ali, elas iam achar o livro. Eu escondi o livro debaixo de um bordado, era um trabalho manual que eu

---

10 Idem, ibidem.

tinha. E quando dava jeito, eu fugia prá sala de costura, na hora de intervalo, de qualquer coisa, prá ler um pouquinho. Não consegui ler o livro todo. E nunca me devolveram. E mais uma coisa... Elas me chamaram, né? Onde é que eu tinha conseguido. Eu falei, não, eu trouxe. Eu trouxe da minha casa, eu ganhei, eu tinha. E eu não tinha onde guardar porque não cabia em lugar nenhum, eu pus lá e de vez em quando eu lia um pouquinho. Porque não havia nada de extraordinário que eu achasse que não pudesse ler no livro. E elas me confiscaram o livro e não me devolveram".

Histórias como esta, que encerram representações sobre livros e leituras como "venenos", "tóxicos", "infecções", sempre perigosos ou até letais, ou como demônios e outros seres do mal, e por isto mesmo condenados à destruição pelo fogo, repetem-se em várias seções da revista, às vezes sob uma forma mais ligeira, mas igualmente direta e objetiva. Os "dois diabinhos danosos como eles só", segundo a autora de uma página de abertura, eram o rei Momo das festas carnavalescas e "um que costuma vestir-se de encadernação de luxo (...) entra em casa, de mansinho, espalhando sorrisos e pondo interrogações no coração da gente moça. Vocês abrem-no com uma espécie de devoção(...) ... o fundo porém é de um negror de inferno: idéias corrosivas de um autor em cujas veias circula ódio, cuja pena molha-se em tinta de veneno. (...) É o diabo dos maus livros sob vestes atraentes"[11].

Para facilitar as consciências sobre qual a direção a ser tomada diante das leituras, São Bernardo, monge beneditino medieval foi lembrado para mostrar às alunas as "classes" de leitores existentes. Evidentemente, "ler só para saber" estava fora de questão pois era entendido como "torpe curiosidade"; nem mesmo ler para ser reconhecido "como sábio" ou, ainda, para "vender sua ciência". A leitura "verdadeira" e válida seria a leitura para a edificação do próprio espírito[11].

A prescrição de práticas "salutares" de estudos e leituras era preocupação constante, já que era concebida como "formação intelectual", ou seja, como um estado a ser atingido tornando a "inteligência capaz de refletir, de escolher, de aproveitar todas as energias vitais", desde que dirigidas a um único fim: Deus. A

11 Salis. "O hábito não faz o monge". **Auxilium**, nº 45, mar. 1935, p. 1.

leitura era considerada como "o meio universal para aprender" mas, para aprender corretamente, seria preciso

"1° Ler inteligentemente: nutrir-se de leituras sólidas, ricas, profundas(...)adequadas. 2° Ler ordenadamente: refletir e concentrar-se. Ler o que se deve ler, guardar o que é útil e pode servir. A leitura desordenada entorpece o espírito em vez de nutri-lo.(...) 3°Assimilar o que lê: a leitura não deve ser um trabalho mecânico (...)requer esforço e atenção. 4° Escolher as leituras: ler livros sérios e escolher bem a sementeira de nossas idéias (...)" [12].

Não faltam alusões depreciativas ao tipo de "cultura" adquirida por meio da leitura das obras de certos mestres do pensamento ocidental (condenados pela Igreja, é óbvio!) ou mesmo de jornais e revistas de grande circulação, uma vez que estariam contribuindo para o desenvolvimento de espíritos "vulgares": "Hoje em dia, também é melhor não ler, ou ler só coisas que não comprometem a vulgaridade do espírito. (...) Hoje em dia a gente só deve ler 'Seleções', ou aqueles romances que acompanham os grandes filmes como 'Quo Vadis', 'A Dama das Camélias', não acham senhoritas do Santa Inês? Depois a gente compra umas tinturinhas de nomes bem soantes (Darwin, Kant, Dewey, Renan), lê os títulos dos capítulos dos últimos livros, capta no ar as boas informações da gente instruída, folheia depressinha o 'Estado de S.Paulo' e o 'Grand Hotel', compra um dicionarinho de bolso, estrangula um 'How are you?' e pode sair à conquista do mundo"[14]

Em vários números, sempre há pequenos textos, citações de pensamentos de autores, versos, etc., como estratégia de preenchimento de espaços em finais de página, espaços talvez menos evidentes, mas nos quais se localizam mensagens, sob outros formatos, mas igualmente significativas, para capturar as leitoras. A idéia é a de "reconhecer as estratégias através das quais autores e editores tentavam impor uma ortodoxia do texto, uma leitura forçada. Dessas estratégias, umas são explícitas, recorrendo ao discurso (nos prefácios, advertências, glosas e notas), e outras implícitas, fazendo do texto uma maquinaria que,

12 "A que classe de leitores pertence você?". **Auxilium**, nº 52, out. 1935, p. 9.

13 "Formação intelectual". **Auxilium**, nº 82/83, ago./set. 1938, p. 5.

14 Zé Peregrino. "Filosofia deste colégio mesmo...". **Auxilium**, nº [171], jun./jul. 1954, p. 17.

necessariamente, deve impor uma justa compreensão. Orientado ou colocado numa armadilha, o leitor encontra-se, sempre, inscrito no texto, mas, por seu turno, este inscreve-se diversamente nos seus leitores"[15].

Em um destes casos há um pequeno texto intitulado "Meio infalível para tornar feia uma criança - note-se, feia, em todo sentido da palavra". Dentre os "12 meios para estragar uma criança", o texto aponta, por exemplo, dar-lhe tudo o que pede; não escolher suas amizades; dar-lhe sempre dinheiro; defendê-la das correções feitas por professores; deixar de supervisioná-la em jogos e recreios, e, ainda, "deixá-la ler tudo o que quiser" (nº 84/85, out./nov. 1938).

No âmbito das práticas escolares, a notícia da organização de um armário verde cheio de livros de leitura para o 3º ano primário constitui-se na grande novidade para as meninas do curso elementar: ele se transformou na "Biblioteca Verde", cujo primeiro título foi "Arca de Noé". A coleção foi sendo engrossada com outros livros trazidos pelas meninas (nº 97, maio 1943).

Nesta "cruzada" em prol das boas leituras, feitas por meio de práticas proveitosas, textos prescritivos não bastavam. Como orientar as leituras? O que podia e devia ser lido? Quais os gêneros literários e para quais faixas etárias? Em 1946, a revista inaugura a seção "Biblioteca Domingos Sávio", com listas de "livros de formação" de autores brasileiros, portugueses ou traduzidos. As editoras mais freqüentes eram a Vozes, Salesiana, Agir, Ave-Maria, Pia Sociedade de S.Paulo (depois Ed. Paulinas), Mayença, Duprat, S. C. J., etc. Alguns dos títulos e autores: "Incenso, chumbo e sal", do Pe. Ascânio Brandão; "Caminho da verdade", do Pe. Cleto Mainardi; "Os concursos de beleza", de Dom Aquino Corrêa; "Gotas e migalhas", de José Maria de Assis; "A mulher cristã e o sofrimento", do Pe. Henri Morice (provavelmente uma tradução); "Moral cristã e educação", de Laura Jacobina Lacombe; "Hei de ser freira?", do Pe. Daniel Lord, SJ, traduzido pelo Pe. Acácio Casimiro, SJ; "Elevação da mulher", de Dom Aquino Corrêa e outros mais, num total de 78 indicações. Nas edições

15 Roger Chartier. **A História Cultural: entre práticas e representações.** Lisboa, Difel, 1990, p. 123.

seguintes, a listagem prossegue do número 79 até a 204ª referência [16].

Embora não se tenha conhecimento de como estas consultas foram registradas, a que número de alunas correspondiam e a que período elas se referem, alguns dados sobre o número de livros lidos, algo bastante raro na revista, foram publicados depois do aparecimento desta seção. Além disto, a informação da existência de três "bibliotecas" no colégio lança alguma luz neste setor, embora tudo leve a crer que existisse apenas uma, mas com coleções de livros para diferentes seções do colégio: "Da Biblioteca Dom Bosco, exclusivamente escolar, foram lidos e consultados 5.008 livros. Da Biblioteca Domingos Sávio, da seção do Internato, entre livros de formação, biografia, livros de assuntos vários e Leituras Católicas-foram lidos 1.142 livros. Da Biblioteca Santa Inês, da seção do Externato, organizada tal como a Domingos Sávio, foram lidos 840 livros"[17].

Fora do gênero estritamente referido como "formação" há a indicação de alguns títulos: "Madame Curie", de Eva Curie; "Grandes Esperanças", de Charles Dickens; "Terra dos homens" e "O pequeno príncipe", de Saint-Exupéry; "Minha vida de menina", de Helena Morley; "A cabana do Pai Tomás", de H.S. Stowe; "Eu vi a bomba atômica explodir", do missionário Hugo Lassale; "A arte de ler", de Mortimer Adler; "Grandes amizades", de Raissa Maritain; "A realidade americana", de Alceu Amoroso Lima; "Visão dos Estados Unidos", de Carolina Nabuco; "O pequeno lorde", de Frances Burnett; "Viagens de Marco Polo", em tradução de Esther Mesquita; peças de teatro infantil de Maria Clara Machado; títulos da Coleção "Menina e Moça" etc.

Considerações finais

No território do colégio feminino católico foi possível configurar as práticas de leitura de alunas do curso secundário (ginasial e colegial) e os conteúdos e dispositivos textuais da literatura de formação feminina, aí localizando os "modelos a

16 "Biblioteca Domingos Sávio". **Auxilium**, n°112, mar.1946, p.22-24; n°113, abr.1946, p.23-24; n° 115/ 116, jun/ jul. 1946, p.36; n° 117, ago. 1946, p. 23-24.

17 "Nós lemos". **Auxilium**, n° [141], nov/ dez. 1949, p.26.

imitar" e os "anti-modelos a condenar". Ainda que não se tenha conseguido, por várias razões, fazer uma investigação completa sobre a formação e a organização da biblioteca do colégio, pelos indícios encontrados na revista **Auxilium** foi possível obter listagens de livros que nos permitiram estabelecer alguns dos gêneros literários existentes, verificando a esmagadora maioria da literatura para educar e formar e os poucos títulos, também prescritos e controlados, enquadrados no que se pode denominar de literatura de lazer: biografias, viagens, história dos povos, comentários sobre o Brasil, certas peças teatrais, etc.

Paralelamente a essa investigação sobre a revista **Auxilium**, na qual foram explorados alguns dos aspectos mais diretamente ligados à formação do público leitor feminino, a partir da abordagem feita pela história cultural e social da leitura, uma outra fonte de pesquisa foi encontrada: o jornal **TIC!TAC!**, de iniciativa das alunas do Curso Normal e do Curso Colegial do Colégio Santa Inês. Este jornal escolar conviveu, ao longo de cinco anos (1945-1950) com a revista, adotando o que podemos denominar de estratégia de reprodução textual, observável em outros impressos católicos do período, como a revista **A Ordem**, **Revista Brasileira de Pedagogia**, **Ação Católica**, etc. Muitas das seções, quando o jornal iniciou sua publicação, também começaram a aparecer na revista, o que pode ser interpretado como uma ampliação dos espaços dos discursos normativos e prescritivos e da consolidação de representações. Quando este jornal, elaborado e editado pelas alunas do Colégio Santa Inês (mas que, obviamente, passava pela fiscalização das Irmãs) deixou de ser publicado, em 1950, várias das seções que o compunham foram integradas na revista **Auxilium**.

Alguns cruzamentos e relações entre o campo da imprensa católica e o espaço mais restrito do colégio com relação à leitura e à formação/educação puderam ser identificados, evidenciando a configuração de uma verdadeira "rede de impressos" dedicada à exaltação do modelo cristão de mulher, esposa e mãe, empenhada na denúncia das leituras deformadoras do caráter e do espírito e na campanha pelas "boas leituras", instaurando normas e procedimentos para o controle das apropriações dos impressos pela "comunidade de leitoras".

LITERATURA ESCOLAR DOS IMIGRANTES ALEMÃES NO RIO GRANDE DO SUL: FONTE INEXPLORADA NA HISTÓRIA DA EDUCAÇÃO

Lúcio Kreutz
(UNISINOS - Rio Grande do Sul)

A história da educação tem registros, desde os egípcios, gregos e outros povos, referentes a textos utilizados como base para o ensino. Porém, a história do livro didático obteve nova dimensão a partir da invenção da impressão mecânica, com Gutenberg, em meados do século XV, tornando possível uma maior circulação de livros. Difundiram-se, a partir de então, as cartilhas impressas, sendo as mais conhecidas as de Nürenberg e de Augsburg. Curiosamente, nomes conhecidos na área da educação como os de Jordan, no século XVI, Comênius e Ratke no século XVII, Tropp, Helsinger e Overberg, no século XVIII, ainda chamavam a atenção para a importância e significado da escrita manual, vinculando a leitura com a capacidade de escrever. Com este objetivo foram produzidas cartilhas com diversas formas de letra manuscrita, como as de Lang, Kobbmolitor e Scholz (***Lexikon der Pedagogik***, 1913: 1290).

Provindos desta tradição já secular em relação à importância da literatura escolar, os imigrantes alemães no Rio Grande do Sul, investiram intensamente na elaboração e na impressão de livros didáticos fazendo-o sob princípios pedagógicos acordados nas reuniões de professores. As duas revistas dos professores teuto-brasileiros do Rio Grande do Sul, a católica e a evangélica, retratam esta dinâmica da produção do conhecimento e da sua expressão na literatura escolar. Até a década de 1930 foram elaborados e impressos acima de 130 manuais escolares teuto-brasileiros, duas coleções de Jornal/Revista do Professor e ainda um periódico intitulado **O Livro Escolar**.

O material didático retrata a importância que a escola tinha no projeto das comunidades teuto-brasileiras do Rio Grande do Sul. Nas décadas de 1920/30, os imigrantes haviam chegado praticamente à universalização da escola em mais de mil núcleos rurais no estado.

A partir de 1937, com o processo compulsório de nacionalização do ensino, foi proibida a produção e uso da literatura escolar teuto-brasileira e, inclusive, induzida a destruição de boa parte da mesma.

Nosso objetivo, neste ensaio, é apresentar, de forma sintética, a iniciativa dos imigrantes alemães do Rio Grande do Sul quanto à literatura escolar, realçando a importância da mesma enquanto fonte de pesquisa para este aspecto da história da educação no Brasil. Faremos uma primeira aproximação, mais descritiva, destas fontes pouco conhecidas e pouco exploradas em nossa história da educação.

Raízes históricas

A partir da invenção da imprensa era freqüente o uso da bíblia impressa para treinar a leitura. Gradativamente passou-se a elaborar manuais específicos para este objetivo, designando-os de *Fibel* (cartilha). A expressão *Fibel* é conhecida desde 1419, significando "pequena bíblia". Segundo outra versão, *Fibel* vem do termo latino *Fibula*, significando uma pequena lousa sobre a qual se escrevia com estilete (*Griffel*). Nos séculos XV, XVI e XVII utilizava-se pouco a expressão *Fibel*, sendo que as cartilhas recebiam outras denominações como ***ABC-büchlein, ABC-darium, Hand-Figuren oder Grundtbiechel, Tabula elementaris, Tafelbüchlein, Kindertafel, Syllabenbüchlein, Elementa Puerila, Kindertafel,*** ou simplesmente ***Tafel*** (**LZ**, 1911: n.2 p.16 e **Lexikon der Pedagogik**, 1913: 1290).

Praticamente toda a história inicial do livro didático reporta-se a esses abcedários (cartilhas). Já no início do séc. XX estavam em circulação em torno de 200 cartilhas diferentes, só em língua alemã. Na biblioteca central da Fundação Comenius, em Leipzig, há acima de 1500 títulos de cartilhas, refletindo-se assim as mudanças de método e de ênfase no ensino da leitura e escrita ao longo dos séculos. De fato, historicamente ocorreu uma dinâmica especial quanto à concepção e reformulação de livros didáticos, especialmente de cartilhas, com o objetivo de adaptá-las constantemente aos avanços teóricos sobre a arte de ensinar a ler e escrever. A cartilha deveria estar em conformidade com a idade e o grau de desenvolvimento da criança, facilitando seu aprendizado da leitura e da escrita.

A partir da concepção de método, as cartilhas foram agrupados em dois grandes blocos, isto é, as *Buchstabierfibeln*, que tinham por base o método da soletração e as *Lautierfibeln*, orientadas pelo método fônico.

No século XVI foram surgindo as cartilhas com figuras para facilitar a aprendizagem da leitura. João Amós Comênius foi quem mais consagrou a prática de figuras ilustrativas nas cartilhas. Em 1658 lançou seu célebre ***Orbis Pictus Sensualium.*** Neste, conduziu-se o estudo através de figuras, trazendo os objetos do cotidiano em representações visíveis. Para Comênius o estudo através do concreto, do visível, seria mais agradável. Dever-se-ia orientar, com a cartilha, a atenção da criança para objetos visíveis, ou representados na pintura, tornando o estudo mais prazeroso e lúdico.

Basedow publicou quatro volumes de ***Elementarwerken*** nas quais, seguindo as trilhas de Comênius, apresenta uma coletânea artística de figuras e quadros a precederem a explicação dos assuntos e conceitos a serem tratados. E Stoy publicou em 1784 sua ***Bilderakademie***. A seguir junto às figuras também foram sendo introduzidas rimas e versos, formando-se frases com as figuras. Com Basedow, a partir de 1770, tentou-se vincular as palavras e o texto das cartilhas com a realidade do contexto dos alunos. O ***Kleines Lesebuch für Kinder aller Stände*** de Basedow, é uma tentativa neste sentido.

Herder, em 1787, introduziu exercícios gramaticais na cartilha ***Buchstaben und Lesebuch***. E Weise introduziu nas cartilhas, a partir de 1792, histórias, fábulas, versos e orações. Também neste período iniciaram as ilustrações coloridas nas cartilhas. Pestalozzi lançou, em 1801, o ***Anweisung zum Buchstabieren und Leselernen*** (Zurique), sem aspectos novos marcantes.

Algumas cartilhas que serviram como referencial para o método da soletração (*Buchstabierenmethode*) foram:

- ***Heiligen Namenbuch***, de 1435, da autoria de Dankrotzheim. Continha o nome de santos e a taboada.
- ***Teutsche Kindertafel***, de 1534. Além do abecedário continha temas variados.

- ***Abecedarium Magdeburguense***, de 1603. Já era ilustrado.

- ***Deutschen Sprachkunst***, 1630, da autoria de Tileman Olearius. Continha ilustrações com esgrimadores.

- ***ABC- Buchstabier- und Lesetrichter***. Publicado em Nüremberg, em 1630. Prometia reduzir o tempo da alfabetização. (*Trichter* é funil).

Algumas cartilhas marcantes do método fônico (*Lautierfibeln*), foram:

- ***Von den Rechten Weis aufs Kürzist lesen zu lernen***, 1527, sobre o aprender a ler o mais breve possível.

- ***Teutsche Grammatica***, 1534. Através de figuras, comparações e outros significados (som das palavras), procurava-se salientar o som das palavras na alfabetização. Opõe-se fortemente ao método da soletração ou silábico.

- ***Ein besonder fast nützlich Stymmen Büchlein mit Figuren***, 1534. De Grüssbeutel.

- ***Leseschul***, 1533. Da autoria de Jordan.

- ***Neues und also eigerichtetes ABC und Lesebüchlein***, 1650. Da autoria de Bruno, Diretor escolar de Danzig. Prometia a alfabetização em seis dias, para adultos e crianças.

- ***Neu verbesserten volkommenen ABCbuche, oder, Schlüssel zur Lesekunst***. Em 1700. Da autoria de Zeidler. Incluía histórias para leitura.

- ***Erleichtetes Lesebüchlein***. De 1701, da autoria de Bogislaus Benthy. Tentou mostrar como se pode fazer alguém aprender facilmente a escrever sem a soletração em voz alta.

- ***Übungsbüchlein***, de Hoffmann, em 1780.

- ***Lautierfibeln***, 1802, de H. Stephani. Tinha por objetivo o treinamento planejado para a leitura correta e fluente. Foi um grande sucesso. A cartilha passou de 100 edições. Também no século XIX surgiram as cartilhas de Schulz, Grassmann, Scholz, Wiedemann e Zerrenner. Todas segundo o método fonético (***Lexikon der Pädagogik***, 1913, 1292-1301).

É curioso observar como diversas cartilhas se apresentavam como promotoras da alfabetização em breve espaço de tempo.

O livro didático entre imigrantes alemães no RS [1]

Os primeiros imigrantes alemães vieram ao Rio Grande do Sul, em 1824, tendo em sua bagagem cultural a necessidade absoluta da escola para seus filhos. Traziam também consigo o princípio de que a escola deveria partir da realidade do aluno, preparando-o para seu engajamento ativo na comunidade. A escola era concebida em função da família, da comunidade e da igreja, buscando-se o envolvimento efetivo entre o trabalho escolar e a situação real de vida dos alunos.

Sendo assim, o desafio posto já pelos primeiros imigrantes foi a produção do material didático a partir da realidade dos alunos. Nos primeiros anos o recurso possível foi a produção de cartilhas manuscritas. Rambo (1958, p.25) cita o Prof. Rosenbock, de Hamburgo Velho, como um dos elaboradores de cartilhas manuscritas. E em 1832, oito anos após a vinda dos primeiros imigrantes, foi impressa a primeira cartilha para as escolas teuto-brasileiras no Rio Grande do Sul, sob o título: ***Neuestes ABC Buchstabier und Lesebuch zunächst für die Kolonie von S't Leopoldo***. Porto Alegre, *gedruckt und zu haben in der Buchdruckerey von C. Dubreuil und Cia.*, 1832. Além do título, a folha de rosto ainda tinha a epígrafe: *Was Hänschen nicht lernt, lernt Hans nimmermehr*, isto é, o que Joãozinho não aprende, João não aprenderá mais (**HJ**,1924,p.410).

Afora estas informações sobre o material didático no início da imigração, ainda não sabemos praticamente nada sobre o mesmo nas décadas subseqüentes, até 1870. A partir de então, a questão da elaboração do material didático para as escolas teuto-brasileiras começou a ter incentivo especial da parte da coordenação do projeto das igrejas, evangélica e católica, junto aos teuto-brasileiros. Em função disto é que também foram fundadas as duas Associações de Professores, os dois Jornais de Professores e as duas Escolas Normais para a formação de professores teuto-brasileiros, respectivamente, católica e evangélica. Com estas instituições a apoiar o projeto escolar, entende-se porque houve, pelo menos parcialmente, uma produção de material didático que, especialmente em temas relativos à religião e valores ético-morais, mantinha conotação

1 Neste item retomaremos os principais pontos do texto de 1994: 58-59.

confessional. Em relação ao ensino da língua, da matemática e da *realia*, o material a ser usado era comum. A Editora Rotermund, de São Leopoldo, normalmente publicava o material didático dos evangélicos. Os católicos recorriam mais à Typographia do Centro e à Livraria e Editora Selbach, ambas em Porto Alegre.

A elaboração do material didático para as escolas teuto-brasileiras era tema forte, tanto nas Assembléias Gerais de Professores quanto nas regionais e locais. A coleção da *Lehrerzeitung*, da *Allgemeine Lehrerzeitung* (números disponíveis) e do *Das Schulbuch* registra continuadamente esta prioridade, relatando a preocupação dos professores e das diretorias de escola com a edição de manuais especialmente adaptados às escolas rurais. Havia consenso quanto à necessidade de prover as escolas com bom e adequado material didático. No final da década de trinta, somente a Editora Rotermund havia publicado acima de 40 títulos de abecedários e manuais para as escolas teuto-brasileiras. Em 1931 já havia vendido, a título de exemplo, 160.000 exemplares do ***Praktischen Rechenschule*** de Otto Büchler (***Das Schulbuch***, n.40, 1932, p.5). Talvez seja o livro de maior tiragem no gênero entre imigrantes. Contudo, diversos manuais passaram de dez edições.

Estes manuais eram tratados, recomendados ou criticados nos três periódicos acima citados e, principalmente, nas assembléias locais e regionais de professores, quando se discutia a teoria vinculada à prática. Nestas assembléias os autores ou os defensores dos manuais eram convidados a fazerem aulas demonstrativas junto aos alunos da localidade em que ocorria a reunião. Depois iniciava-se o debate. O resultado dos debates era publicado no Jornal do Professor (***Lehrerzeitung***), tanto no católico quanto no evangélico e também no ***Das Schulbuch***. A seqüência de críticas e sugestões facultava a reelaboração dos manuais, com as incorporações e modificações sugeridas.

Os manuais didáticos não foram impostos. Em cada área de estudo havia os mais consagrados. Dizia-se que sempre é útil ao professor, por mais experiente que fosse, ter um manual e um roteiro de aula, ainda que não o seguisse integralmente.

Pode-se perguntar se os manuais didáticos de fato refletiam a diretriz de uma escola e currículo voltados para a realidade do aluno e da comunidade. Um rápido exame do conteúdo e da metodologia destes manuais confirma esta perspectiva. No ensino da matemática a prioridade eram as operações básicas que pudessem ser feitas mentalmente, nas circunstâncias concretas da vida agrária (*Kopfrechnungen*). O próprio título do manual mais usado nesta matéria, o ***Praktische Rechenschule*** (o ensino prático da matemática), de Otto Büchler, reflete este entendimento. O mesmo vale para *realia* e outras disciplinas.

As duas Associações de Professores Teuto-Brasileiros (católica e evangélica) sempre reconheceram que uma de suas principais atribuições era o zelo pelo material didático para as escolas comunitárias. Estimularam sua elaboração e procuraram editá-lo e vendê-lo ao preço mais acessível.

Os livros didáticos da escola teuto-brasileira

Estamos há anos promovendo um trabalho, ao estilo mutirão, mobilizando descendentes da imigração alemã, para o levantamento e a classificação dos livros didáticos por ela produzidos. Em função das medidas repressivas de nacionalização, esta iniciativa torna-se difícil. Os livros haviam sido escondidos uns, dispersos outros, destruídos, alguns.

No acervo, listamos 97 livros ainda impressos na Alemanha ou algum país de língua alemã. Devem ter sido usados de forma mais sistemática até 1900. Outros talvez nunca fossem usados na escola teuto-brasileira, mas trazidos como lembrança pelas famílias de imigrantes. A partir da passagem do século, intensificou-se a produção e a impressão de manuais escolares destinados especificamente à escola teuto-brasileira, alegando-se que o material escolar deveria ser produzido a partir da realidade do aluno. Nesta perspectiva, os manuais impressos na Alemanha não seriam adeqüados.

O Jornal do Professor (***Lehrerzeitung***) católico tem diversos informes, a partir de 1905, sobre a disponibilidade de livros didáticos elaborados no Rio Grande do Sul, cobrindo todas as áreas da escola elementar teuto-brasileira. Até o momento localizamos 134 destes manuais, tendo-se notícia de outros 35, porém, ainda não localizados. Estes manuais representam uma ampla produção de material didático e permitem que se faça todo um conjunto de pesquisas a seu respeito. Em Kreutz (1994: 73-

113) apresentamos a relação destes livros.

Também foram localizados, até o momento, 89 títulos de manuais impressos em português. Faziam parte do programa de ensinar gradativamente o vernáculo nas escolas da imigração. Percebe-se que boa parte destes são livros não elaborados especificamente para a escola teuto-brasileira, embora usados na mesma. Normalmente são das décadas de 1920 e 1930. Trata-se de manuais como os da coleção FTD e os de Clemente Pinto.

Ainda não temos dados completos em relação a todos os manuais. Com freqüência falta a data de publicação, mesmo estando o manual inteiro, legível. Em outros casos faltam dados em função do precário estado de conservação. Continua o desafio para a tarefa coletiva, com a participação de quantos possam ter dados que retifiquem ou complementem a listagem.

Outra dificuldade está relacionada com as sucessivas reedições de um mesmo manual, sofrendo alterações, acréscimos ou diminuições por vezes significativas, de uma edição a outra. Há casos de manuais didáticos editados por um ou mais autores, e, em edições posteriores, reelaborados por um terceiro autor assumindo a autoria. Um exemplo é o ***Fibel für deutsche Schulen in Brasilien*** (Cartilha para escolas alemãs no Brasil) da autoria de Rotermund e Nack. A primeira edição é de 1878, elaborada em São Leopoldo e impressa em Leipzig, Alemanha. A quinta edição, de 1896, já foi impressa na Editora Rotermund, São Leopoldo. É possível que a segunda, terceira e quarta edições também já tenham sido editadas por Rotermund. Esta informação falta até o momento porque ainda não foi localizado nenhum exemplar destas edições. A partir da décima terceira edição, em 1917, a mesma cartilha é reelaborada por Heuer. E a partir da décima oitava edição em 1932, é impressa com o anexo **A orthoepia da lingua portugueza** para escolas alemãs no Brasil, da autoria de Rotermund, de 1879, e que então, em 1932, já havia tido 19 edições sucessivas. Em 1932, a **orthoepia** tornou-se um anexo da cartilha. A partir de 1924, a cartilha passou a ser impressa sob duas modalidades: Edição A (ortografia gótica) e Edição B (ortografia latina), bem como ambas as edições publicadas num só volume. Esta edição de 1924 é apresentada como *Dritte Auflage* (terceira edição), indicando que, com Heuer, passou a ter edição própria, não se levando mais em consideração as treze edições feitas sob a autoria de Rotermund e Nack.

Trata-se de um exemplo, entre outros, de como ocorreram transformações, reelaborações, participação de mais autores nas sucessivas reedições do mesmo manual didático. Por vezes ocorriam alterações profundas nas reedições de um mesmo livro. A sucessiva modificação dos mesmos aponta para novas perspectivas teórico-metodológicas, implícitas na gradativa reformulação do material didático.

Frente a esta situação, uma das tarefas que se fazem necessárias é a de promover a reconstrução da história do livro didático teuto-brasileiro, permitindo a compreensão de toda esta dinamicidade. A memória oral poderá concorrer para esta reconstrução histórica. Ainda há pessoas vivas, professores na década de 1920 e 1930, e que possivelmente relembram aspectos da história dos livros didáticos.

Diversos livros didáticos tiveram quinze ou mais edições, sendo que até o momento só se conseguiu localizar uma. Há, por isso, também todo um trabalho a ser feito com relação à recuperação pura e simples do acervo.

A listagem dos manuais escolares apresentada em Kreutz, 1994, está incompleta, seja porque não apresenta ainda todos os manuais utilizados na escola teuto-brasileira, seja porque ainda não tem todos os elementos informativos referentes a cada manual. Embora incompleta, a listagem apresentada demandou muitas horas de pesquisa, de colaboração de pessoas e de instituições. Em grande parte é resultado de um esforço comum, um mutirão, e pretendemos continuá-lo com a participação de um número cada vez maior de pessoas. Nosso desejo é o de que a relação de livros didáticos, embora incompleta, sirva como desafio para outros se agregarem ao trabalho, seja na indicação de novas fontes, seja para complementar os dados já apresentados.

Periódicos criados em função da escola teuto-brasileira

Para pesquisar a escola da imigração alemã, a melhor maneira é percorrer jornais e revistas editados pelos e para os teuto-brasileiros do RS. Em 1938 este conjunto somava 37 títulos diferentes, entre jornais, revistas mensais ou folhas semanais e os anuários (*Kalender*). Como a escola era uma das instâncias básicas para o projeto de comunidade dos teuto-brasileiros, é fácil entender que nestas publicações se tratasse quase que ininterruptamente desta temática. Portanto, todas estas publicações são fontes importantes para a pesquisa sobre a questão escolar entre teuto-brasileiros. Entre os jornais destacam-se, pela importância, o ***Deutsche Zeitung***, o ***Deutsche Post*** e o ***Deutsches Volksblatt***. Entre as revistas o ***Skt. Paulusblatt***, o ***Mitteilungen des Vorstandes des Riograndenser Synode*** e, entre os almanaques, o ***Familienfreundkalender***, o ***Koseritz Deutscher Volkskalender für Brasilien*** e o ***Kalender für die Deutschen in Brasilien***.

Foram editados, também, três periódicos (jornais/revistas) para tratar especificamente da questão escolar entre teuto-brasileiros. Um era o jornal da Associação de Professores Católicos Teuto-Brasileiros do Rio Grande do Sul, outro o da Associação dos Professores Evangélicos Teuto-Brasileiros do Rio Grande do Sul e o terceiro, sobre o Livro Escolar, foi editado pela Livraria e Editora Rotermund, de São Leopoldo. Trata-se respectivamente de:

1) ***Lehrerzeitung***. *Vereinsblatt des deutschen katholischen Lehrervereins in Rio Grande do Sul*. (Nos primeiros sete anos o título foi: ***Mitteilungen des katholischen Lehrer- und Erziehungs-vereins in Rio Grande do Sul***).

Foi o jornal da Associação de Professores Teuto-Brasileiros Católicos do Rio Grande do Sul. Iniciou em janeiro de 1900 e foi extinto pelo processo de Nacionalização do Ensino, em setembro de 1939. Impresso em alemão, normalmente em letra gótica. Foi suspensa sua edição por dois anos e dois meses, de novembro de 1917 a janeiro de 1920, em conseqüência da Primeira Guerra Mundial. A coleção existe quase completa, somando-se os números existentes no Instituto Anchietano de Pesquisas, de São Leopoldo, com os do Instituto Hans Staden, de São Paulo. Falta apenas localizar os números correspondentes a janeiro de 1907, abril de 1922, janeiro de 1924 e agosto de 1924.

A Associação de Professores Teuto-Brasileiros Católicos (Lehrerverein) foi fundada em 1898, em 1900 assumiu a edição do jornal/revista da Associação. Os objetivos do Jornal foram postos no editorial do primeiro número, assinado pelo presidente da Associação, Prof. Siegfried Kniest, então professor em São João do Montenegro. Basicamente tratava-se de promover a escola comunitária (paroquial) de acordo com a perspectiva católica, promover a formação dos professores e seu acompanhamento tanto na prática do magistério quanto nas demais instâncias relacionadas com a função. Objetivava-se a organização da escola e o apoio aos professores. Há todo um leque de objetivos específicos a serem trabalhados através do Jornal: obrigatoriedade escolar mínima de quatro anos, currículo mínimo e básico comum para todas as escolas, impressão e difusão de material didático. Enfim, o objetivo era ter um jornal para a promoção da escola e do professor, em todos os sentidos, na perspectiva católica.

2) ***Allgemeine Lehrerzeitung für Rio Grande do sul.*** *Vereinsblatt des deutschen evangelischen Lehrervereins in Rio Grande do Sul.*

Foi o jornal da Associação de Professores Teuto-Brasileiros Evangélicos do Rio Grande do Sul, publicado de 1901 até 1939, fechado, então, pela Nacionalização do Ensino. O jornal foi impresso em alemão, normalmente em letra gótica. Começou a ser editado em Santa Cruz, de 1901 até outubro de 1925. O número de novembro de 1925 foi editado em São Leopoldo e os números posteriores, até 1939, em Porto Alegre, mas sempre sob a coordenação do *Lehrerverein* evangélico.

Os objetivos da ***Allgemeine Lehrerzeitung*** são semelhantes, na perspectiva evangélica, aos do congênere católico, já expostos acima.

Até o momento foram localizados números de 1914 a 1939, mesmo assim incompleto, embora tenham sido procurados em todos os acervos do RS. Uma parte da coleção existe no Instituto Hans Staden, em São Paulo.

3) ***Das Schulbuch.*** *Organ zum Ausbau der Schulbuchliteratur in Brasilien.* Editado por Rotermund, São Leopoldo, de 1917 a 1938.

Foi concebido como veículo para o fomento e a elaboração do livro didático. Tinha o subtítulo: ***Organ zum Ausbau der Schulbuchliteratur in Brasilien.***

Aparecem em destaque, no frontispício, junto ao título e em todos os números editados, três informações:

- A redação está nas mãos de pedagogos renomados; todas as

colaborações devem ser enviadas à Editora Rotermund e Cia., São Leopoldo.

- Será enviado, gratuitamente, a todos os professores e interessados.
- Editado segundo a necessidade, tratando dos diversos aspectos que envolvem o trabalho pedagógico. Aceita-se, gratuitamente, o anúncio de procura e de oferta de vagas para professor.

Os três primeiros números apareceram respectivamente em julho, agosto e setembro de 1917. Sobre os números quatro e cinco ainda não se obteve informações. Houve interrupção de sete anos na publicação do mesmo, reaparecendo com o número 6 em outubro de 1925.

O editorial de número 6 enfatiza que, em função da mudança dos tempos, devem seguir-se também transformações na ação pedagógica. Realça que não se pode depender de manuais escolares impressos em outro país e outra realidade. A editora ainda fazia um apelo para que os professores divulgassem o periódico e colaborassem com artigos referentes a seu trabalho escolar, com relatos sobre reuniões de professores e com troca de informações sobre a oferta e procura de vagas para professor. O periódico dispunha-se a ser um instrumento de formação e informação para os professores.

Até o presente apenas foram localizados exemplares no acervo Mentz, Porto Alegre, e no acervo Rotermund, São Leopoldo. A coleção completa ainda não foi reconstituída, sendo que dos números editados (52 ao todo), foram localizados, até o momento, 50.

Estes três periódicos acima são de suma importância para pesquisar a questão escolar entre teuto-brasileiros. Mais do que os próprios livros escolares, são fundamentais estas três coleções de jornais/revistas. Aí é que se encontra o contexto e conjunto de informações relativas à organização escolar entre imigrantes alemães.

A mais completa, portanto, é a coleção da ***Lehrerzeitung***. E dos 52 números editados do ***Das Schulbuch*** foram localizados 50. E a coleção mais prejudicada até o momento é a da ***Allgemeine Lehrerzeitung***. É possível que esteja perdida como coleção, restando apenas números esparsos. O desafio está posto para um trabalho coletivo no sentido de conseguir a recuperação mais completa possível destas três coleções.

A Nacionalização do Ensino e a literatura escolar teuto-brasileira

A história do livro didático teuto-brasileiro encerra-se abrupta e drasticamente com o processo de Nacionalização do Ensino, a partir de 1937. Uma série de medidas preventivas vinham tolhendo as iniciativas dos imigrantes alemães, relativas ao seu material didático, quando, com o agravamento das relações internacionais, um conjunto de medidas repressivas proibiu pura e simplesmente a publicação e circulação deste material didático. A Nacionalização do Ensino induziu a uma destruição indiscriminada da memória histórica. Livros, revistas, almanaques, jornais e muitos outros documentos do período foram destruídos tanto pelos agentes da Nacionalização quanto pelos próprios teuto-brasileiros. Muitas comunidades foram privadas de seu principal líder, o professor, e assistiram à desestruturação da rede escolar por eles criada. O disciplinamento da licença de professores, a proibição do material didático e da língua alemã, introduzidos de forma abrupta, influíram negativamente na qualidade do ensino de toda uma geração de crianças teuto-brasileiras.

Nem todo material didático foi destruído, mas prejudicado em sua conservação porque foi escondido e, muitas vezes, mantido por longo tempo em precária situação de conservação. Além do trabalho para localizar o material didático, também é urgente que se encontre uma forma adequada para sua preservação.

Nas primeiras três décadas deste século houve uma história diferenciada entre imigrantes e o poder público, no Brasil quanto ao livro didático. Este começou a ser objeto da política governamental brasileira apenas a partir de 1930. Para Guy de Holanda (1957) o livro didático no Brasil é uma conseqüência direta da Revolução de 1930, quando a queda da moeda, conjugada com o encarecimento do livro estrangeiro provocado pela crise mundial, permitiu que competisse com os preços dos manuais estrangeiros, especialmente os da França, mais em uso até então.

Em 1937 o MEC criou o Instituto Nacional do Livro (INL)

para assegurar a divulgação e distribuição de obras de interesse educacional, científico e cultural. Ao INL competia planejar as atividades relacionadas com o livro didático e estabelecer convênios com órgãos e instituições que assegurassem a produção e distribuição do mesmo (Freitag, 1987).

A criação do Instituto Nacional do Livro inseriu-se num rol de medidas visando a reestruturação e o controle ideológico do sistema educacional brasileiro numa perspectiva fortemente nacionalista. O conceito de nação era então elaborado a partir das características de uma única etnia tornando-se indesejáveis as manifestações culturais de outras etnias que também se julgavam brasileiras.

O contraditório da história do livro didático no Brasil é justamente o fato de que o poder público, ao interessar-se pela primeira vez de forma explícita pelo mesmo, no final da década de 30, proibiu e induziu a indiscriminada destruição de mais de cem livros didáticos produzidos, especificamente, desde 1880, para a escola teuto-brasileira. A ironia está no fato de que os teuto-brasileiros haviam produzido este material didático, embora ficasse mais em conta sua importação, porque entendiam que sua elaboração deveria partir da realidade local e ajudar o aluno a engajar-se dinamicamente em seu contexto.

Do momento em que chamou a si a política do livro didático, em 1937, até hoje, o governo tem tido uma postura marcantemente centralizadora, diferente da de outros países, em que equipes de cientistas e pedagogos, técnicos de editoração, associação de pais e mestres, organizações de pais e alunos, participam ativamente na definição dos conteúdos dos livros didáticos, na sua produção e distribuição nas escolas e no proceso decisório em geral.

Os teuto-brasileiros escreveram uma página singular em relação à literatura escolar. Esta parece-me ser fonte muito rica para pesquisar um aspecto marcante de nossa história escolar e cultural.

Bibliografia

DAS SCHULBUCH. *Organ zum Ausbau der Schulbuchliteratur in Brasilien*. São Leopoldo: Rotermund, 1917-1938.

FREITAG, Bárbara et alii. **O estado da arte do livro didático no Brasil.** Brasília: INEP/reduc, 1987.

HJ= HUNDERT JAHRE DEUTSCHTUM, 1824-1924. Porto Alegre: Typografia do Centro, 1924.

HOLANDA, Guy de. Programas e Compêndios de história para o ensino secundário brasileiro - 1931-1956. In: FREITAG, Bárbara et alii. **O estado da arte do livro didático no Brasil.** Brasilia, INEP/ REDUC, 1987.

KREUTZ, Lúcio. **Material didárico e currículo na escola teuto-brasileira.** São Leopoldo: Editora UNISINOS, 1994.

KREUTZ, Lúcio. **O Professor paroquial. Magistério e imigração alemã**. Porto Alegre: Ed. da UFRGS; Caxias do Sul: Ed. da UCS e Florianópolis: Ed da UFSC, 1991.

LEXIKON DER PEDAGOGIK, erster Band. *Herausgegeben von Ernest W. Roloff*. Freiburg in Breisgau, 1913: 1290-1301.

LZ= LEHRERZEITUNG. *Vereinsblatt des deutschbrasilianischen Lehrervereins in Rio Grande do Sul*. Porto Alegre: Typografia do Centro, 1900-1939.

RAMBO, Balduino. A imigração alemã. In: **Enciclopédia Riograndense. O Rio Grande Antigo.** Canoas: Regional, 1958.

A FORMAÇÃO VIA IMPRESSO

Julieta Beatriz Ramos Desaulniers
(Pontifícia Universidade Católica do Rio Grande do Sul)

1. *Introdução*

Pretende-se analisar aqui **como** o ***impresso*** estimulou a ***formação*** de segmentos populares de Porto Alegre - Rio Grande do Sul, realizada por representantes da Igreja Católica, no período de 1898 a 1968, ao assegurar o interesse geral da sociedade em relação a tal empreendimento. Parte-se do pressuposto de que o ***impresso*** editado por escolas de ofício católicas foi produzido no seio das relações de disputa desencadeadas entre os representantes do campo religioso e destes com os demais agentes dos vários campos do espaço social.*

Nessa perspectiva, supõe-se que :

- o ***impresso*** foi elaborado por representantes do campo religioso como um meio pedagógico para, ao exporem suas realizações, bem como as principais necessidades de ordem financeira relativas à sua própria manutenção, socializar os princípios básicos da formação que instauram junto a segmentos populares, além de afirmar e estender tais fundamentos à comunidade em geral. Isso implicava a inclusão no ***impresso*** das várias questões que estavam em pauta nesse período, as quais envolviam o jogo de interesses constitutivos da dinâmica estrutural do contexto social, além da garantia e mesmo a expansão do poder do campo religioso ao estabelecerem, através desse meio, os principais limites e interesses que balizavam as suas relações de disputa com as demais esferas da sociedade ;
- o conjunto de saberes veiculado no ***impresso*** aponta para uma

* Este texto refere-se a aspectos do fenômeno analisado na Tese de Doutorado defendida em maio de 1993, UFRGS, que se intitula "Trabalho: a escola do trabalhador", bem como a dados colhidos pelos estudos e investigações em desenvolvimento, vinculados à sub-linha de pesquisa "Formação, Trabalho, Instituição", os quais contam com financiamento do CNPq, FAPERGS e PUCRS.

nova concepção de assistência social, acompanhada de novas práticas na sua respectiva implementação, que se baseavam em ações de cunho pedagógico. Por isso, destacava-se a importância da comunidade para o êxito desse tipo de iniciativa, que visava tornar os formandos que freqüentavam tais escolas homens "úteis a si, à sua família e à Pátria". Assim, esse recurso, além ser propriamente pedagógico, contribuiu para manter vivo o interesse da sociedade como um todo por essas obras, no decorrer de várias décadas ;

- o ***impresso*** constitui-se uma das formas em que se materializam as relações que foram sendo desencadeadas entre os inúmeros agentes dos vários campos que compunham o espaço social, nesse tempo. A crise que se verifica no campo religioso e, conseqüentemente, nas suas instituições educacionais, no decorrer das décadas de cinqüenta e sessenta, estava associada às suas relações conflitivas com os demais campos sociais do contexto de Porto Alegre, o que explica o enfraquecimento desse veículo enquanto ***via***/meio de ***formação*** utilizado pelas escolas de ofício católicas.

2. *Relações de disputa e a formação*

Em fins do século passado, surgiu um novo discurso religioso, com o objetivo de reinterpretar mais adequadamente os anseios e necessidades dominantes, e enfrentar a grande hostilidade em relação à Igreja Católica, por suas posições retrógradas frente aos sérios problemas que afligiam grande parte da população.

Os períodos de crise e de transformação sócio-econômica favorecem o surgimento de novos discursos: assim, os impasses gerados pelo desenvolvimento do capitalismo liberal, especialmente no contexto europeu, provocaram rupturas no campo religioso, dando origem ao novo discurso da Igreja Católica, formulado na Encíclica *Rerum Novarum*, publicada em 1891. Periodicamente, as premissas desse documento foram sendo renovadas, com o lançamento de outras encíclicas ou cartas papais, durante o século XX.

Em outras palavras, as lutas pelo poder, entre o campo religioso e os outros campos do espaço social europeu, determinaram as tomadas de posição da Igreja no sentido de elaborar um novo discurso, colocando-a numa situação mais favorável para garantir e mesmo ampliar suas esferas de ação.

Assim, a Igreja passou a contar com novos elementos para exercer uma de suas principais funções sociais: justificar uma determinada estrutura social [1] e as diferentes posições dos agentes, atendendo, ao mesmo tempo, a seu interesse particular - o interesse religioso [2].

Por isso, com a redefinição do "espaço de possibilidades" [3] do campo religioso[4], ampliaram-se as chances de a Igreja obter apoios e de estabelecer certas cumplicidades com os demais campos, mesmo sem eliminar as tensões e conflitos entre ela e, por exemplo, o Estado, já que tais poderes apenas exercem uma complementaridade na divisão do trabalho de dominação[5].

Foi, efetivamente, nesse embate de forças sociais que ocorreu a gênese de um novo ciclo de vida do campo religioso, o qual supunha, entre outras coisas, tomadas de posição, por parte da Igreja, que viabilizassem a criação de meios e práticas de cunho pedagógico, para se colocar no centro, em relação aos outros poderes, além de abrir espaços que lhe permitissem atribuir a si o direito de impor certas exigências a esses mesmos poderes.

No Brasil, nesse mesmo período, verifica-se o empenho de vários setores sociais [6] em promover a formação do trabalhador.

---

1 BOURDIEU, Pierre. A economia das trocas simbólicas. São Paulo. Editora Perspectiva, 1987, p. 48.

2 IDEM, p. 50.

3 De acordo com BOURDIEU, o espaço de possibilidades resulta da herança acumulada pelo trabalho cumulativo, que se apresenta a cada agente sob a forma de alternativas práticas em todo ato de produção. BOURDIEU, Pierre. Le champ littéraire. In: Revue Actes de la Recherche en Sciences Sociales. Paris. Éditions de Minuit, n. 89, set/1989, p. 36.

4 Cada tomada de posição dos agentes sociais define-se em relação ao universo das tomadas de posição e a uma problemática, como "espaço possível", indicado ou sugerindo em cada campo. In: BOURDIEU, P., op.cit., p. 19. (set/91)

5 BOURDIEU, op.cit., p. 72 (1987)

6 Consultar: Relatórios apresentados ao Conselho Municipal; DILL, Aidê Campello **Diretrizes Educacionais do governo de Antônio Augusto Borges de Medeiros (1898-1928)**, Porto Alegre, PUCRS, 1984 (dissertação de mestrado); STHEPHANOU, Maria **Forjando novos trabalhadores: a experiência do ensino técnico-profissional no Rio Grande do Sul (1890-1942)**, Porto Alegre, UFRGS, 1989. (dissertação de mestrado); WIEMER,

Esse movimento expandiu-se, efetivamente, após o Estado Novo, com a consolidação do capitalismo no país, que contou, desde o início, com a atuação efetiva da Igreja Católica e seus representantes, igualmente, engajados nos interesses mais universais dessa Instituição milenar.

Em meados do século XIX, Porto Alegre já se ressentia dos problemas sociais advindos do processo de industrialização. Algumas questões de ordem política - as disputas entre federalistas e republicanos - também contribuíram para agravar as dificuldades sócio-econômicas de parte da população da capital do estado do Rio Grande do Sul, que passou a depender, cada vez mais, da "boa vontade" de seus vários poderes instituídos.

As iniciativas da Igreja Católica, voltadas ao atendimento dessa situação, começam a ser implementadas já em 1864, quando o Pe. Joaquim Cacique de Barros funda o Colégio Santa Tereza, que visava a educação de órfãs carentes, tanto para as atividades domésticas quanto para as de caráter profissional [7]. Tais iniciativas ampliaram-se significativamente no final do século XIX e primeiras décadas do século XX, e apresentavam-se como instituições educacionais voltadas à preparação de segmentos populares para atuarem junto ao mundo do trabalho. Dentre elas, destacaram-se:

* 1895 - Pia União do Pão dos Pobres de Santo Antônio, dirigida pelos Irmãos lassalistas (de 1916 até hoje);
* 1921 - Escola São José, fundada pelos Irmãos Maristas (e fechada na década de sessenta)
* 1943 - Casa do Pequeno Operário, criada pelos padres salesianos;
* 1947 - Educandário São Luiz Guanella, ligada aos padres guanelianos;

Güinter **Gewerbeschule: escola de ofício fundada por imigrantes alemães em Porto Alegre, em 1914**. Porto Alegre, Ed. UFRGS; PESAVENTO, Sandra J. **Empresariado, trabalho e Estado: contribuições a uma análise da burguesia industrial gaúcha (1889-1930)**, p. 186; CORREA, Norma Elizabeth Pereira **Os libertários e a educação no Rio Grande do Sul (1895-1926)**, Porto Alegre, UFRGS, 1987. (dissertação de mestrado).

7 Relatório apresentado à Sociedade Humanitária Pe. Cacique, pelo Dr. João Pitta Pinheiro Filho, 1945.

* 1954 - Escola São José do Murialdo, fundada pelos padres murialdinos;
* 1962 - Centro Social Pe. Calábria, dirigido pelos padres da congregação calábria.

Estudos e pesquisas que venho realizando desde 1988, com o intuito de reconstituir o processo de institucionalização de meios pedagógicos - as escolas de ofício católicas - que visavam à operacionalização do novo discurso religioso, revelam que a Pia União do Pão dos Pobres de Santo Antônio constitui-se o caso exemplar [8] dentre as demais escolas da capital e do interior do Rio Grande do Sul, ao se considerar que: é uma escola centenária; tem capacidade para alojar e treinar uma média de 300 meninos dos segmentos populares da capital e do interior do estado, desde 1930, o que já resultou em milhares de formandos egressos dessa instituição no referido período; é muito expressiva a quantidade de estratégias e ações desencadeadas para garantir e mesmo ampliar, no decorrer do tempo, as bases materiais e de gestão, condições indispensáveis à manutenção e ao desenvolvimento da nova forma de inserção do campo religioso na disputa com as demais esferas do espaço social - a **formação de futuros trabalhadores** instaurada em instituição escolar.

Por isso, as considerações feitas a seguir referem-se em especial à escola de ofício que é popularmente conhecida como **Pão dos Pobres**, independente das diversas etapas que configuram os seus cem anos de existência.

3. A formação via impresso

3. 1. O impresso construindo a forma

Desencadear estratégias e ações com o intuito de garantir e, se possível, ampliar o significado e a importância de um dado empreendimento, é tarefa básica de todo e qualquer agente social que estiver de algum modo nele envolvido. Essa postura foi uma constante na atuação dos responsáveis pelo Pão dos Pobres, expressando-se em diversos mecanismos acionados para produzir a **forma** específica de *illusio* para a obra, "incomensurável face

8 Expressão aqui utilizada no sentido atribuído por Gaston Bachelard.

eresses engendrados pelos outros campos"[9] que se situam ntexto de Porto Alegre e do Rio Grande do Sul, e com os quais mantém relações bastante intensas, até o final da década de sessenta.

O interesse ou *illusio* [10] refere-se à instauração da crença quanto ao valor das ações e iniciativas de um dado campo e é, simultaneamente, condição de seu funcionamento, "na medida em que isso é o que estimula as pessoas, o que as faz concorrer, rivalizar, lutar, e o produto do seu funcionamento" [11]. Sendo assim, resulta "de uma determinada categoria de condições sociais" [12].

Desde sua fundação, o Pão dos Pobres procurou construir sua imagem através de seus representantes, a fim de obter "o reconhecimento tácito ao valor da sua obra"[13], lançando mão do seu principal recurso na disputa de espaço e poder: o seu capital simbólico, com conteúdo religioso.

O capital simbólico é uma espécie de crédito que um dado campo possui e é a "***forma*** de que se revestem as diferentes espécies de capital quando percebidas e reconhecidas como legítimas" [14]. O poder simbólico é "atribuído àqueles que obtiveram reconhecimento suficiente para ter condições de impor o reconhecimento" e deve estar "fundado na posse de um capital simbólico". O grau em que a visão proposta está alicerçada na realidade é o que garante uma maior visão ou menor eficácia simbólica [15].

Sabe-se que uma dinâmica religiosa exerce o seu poder simbólico - "o poder de fazer coisas com palavras" e, assim, subsistir no tempo - na medida em que "consagra ou revela coisas

---

9 BOURDIEU, P. **Réponses - pour une anthropologie réflexive**. Paris, Éditions du Seuil, 1992, p. 92.

10 Observa-se que, mais recentemente, Bourdieu prefere o emprego de *illusio* ou libido em lugar de interesse, para se referir aos mecanismos acionados pelo campo, com vistas à produção da crença quanto ao valor da obra. Mais detalhes In: Bourdieu, P., op. cit., p. 30 (1992).

11 BOURDIEU, P. **Coisas ditas**. São Paulo. Editora Brasiliense, 1990, p. 127.

12 IDEM, p. 128.

13 IDEM, p. 93.

14 BOURDIEU, op. cit., p. 154 (1990).

15 BOURDIEU, op. cit., p. 166 (1990).

que já existem", através dos fundamentos básicos que mobilizam a ação [16].

Em várias ocasiões e através de diversos meios, os responsáveis pelo Pão dos Pobres exercem o seu poder simbólico fazendo coisas com palavras, ao construírem a ***forma*** específica que configura os seus empreendimentos. E, desse modo, desenvolvem uma ação simbólica junto ao campo do poder e à sociedade civil, através da manutenção renovada de um sistema de crenças, que acabou gerando um ***habitus,*** fundado na responsabilidade participativa frente aos órfãos pobres. Nesse processo, agentes de vários campos foram envolvidos em favor da manutenção infra-estrutural do Pão dos Pobres.

Essa dinâmica, baseada nos pressupostos da Igreja Católica e associada a questões sociais, foi acionada com a mobilização de uma série de mecanismos e estratégias, os quais eram ritmados e repetidos sistematicamente. Isto gerou a construção de uma imagem consagrada e reconhecida, a ponto de a obra do Pão dos Pobres constituir-se um porta-voz dos órfãos abandonados.

Assim, as possibilidades para desenvolver e consolidar o processo de ***formação*** instaurado nesse meio operacional, de inserção do novo discurso religioso, foram garantidas durante várias décadas, até o momento em que a referida dinâmica perderia o seu vigor, entrando em declínio, por volta dos anos setenta.

Os comentários a seguir visam expor como os representantes da Igreja Católica que atuaram junto ao Pão dos Pobres utilizaram-se do ***impresso***, em especial, do **Boletim do Pão dos Pobres de Santo Antônio**, que pode ser considerado como uma das principais ***formas*** - senão a mais importante -, de materialização da especificidade dessa obra que lhe permitiu a ampliação de seu valor junto à comunidade gaúcha, durante o seu período de circulação.

3.1. **O impresso** ***no tempo do ABRIGO***

Em 1895 foi iniciada uma obra assistencial em Porto Alegre - a "Pia União do Pão dos Pobres de Santo Antônio" -, fundada pelo Cônego Marcellino de Souza Bittencourt, vinculado à

16 IDEM, p.167.

Arquidiocese desta capital.

O ato de fundação da obra é uma evidência clara da articulação dessa iniciativa com os interesses do campo religioso, com o dos demais campos do espaço social. O cônego, após missa e trezena celebrada em comemoração ao aniversário de Santo Antônio, distribuiu pães e alguns objetos de devoção a dezoito famílias pobres (viúvas e seus filhos) que, a partir desse momento, foram ***abrigadas*** pela referida obra, a qual estava sendo instituída "à sombra da antiga Catedral", com o objetivo de amenizar, em parte, "os graves problemas sociais que desafiavam os mais abalizados estadistas". Inspirava-se na "luminosa" Encíclica *Rerum Novarum*, documento em que o Papa Leão XIII "traçou com mão firme e certeira a solução de tantos problemas que a Pia União tentava mitigar", despertando a atenção "dos que podiam em favor dos que nada tinham"[17]. Enfim, a entidade representava a "caridade em ação", de acordo com o seu fundador[18].

As estratégias de implantação do Abrigo para viúvas e seus filhos articularam-se em torno de um sistema de relações envolvendo os poderes locais e estaduais, bem como os meios de comunicação (principalmente a imprensa), que irradiaram essa prática para outros espaços. Mas, com o intuito de impulsionar ainda mais a obra, o cônego Marcellino lançou a publicação do **Boletim do Pão dos Pobres de Santo Antônio**, em março de 1898.

No primeiro editorial, assinado por ele, o seu único redator até 1911, diz o seguinte:"Impulsionados pelos fecundos resultados do manifesto incremento" (...) "damos mais um passo adiante, publicando o Boletim mensal dessa obra, toda de oportunidade, que tão facilmente se há acclimado nesta abençoada terra"[19]. Visa "propagar a obra do Pão dos Pobres, angariar simpatias e adesões de contribuintes de nossa instituição; alentar e aumentar o número dos corações que, por amor a Nosso

---

17 PARMAGNANI, Ir. José Jacob. O Pão dos Pobres de Santo Antônio - a solução de um problema social. Porto Alegre. Tipografia do Pão dos Pobres, 1978, p. 23.

18 Afirmação feita pelo cônego Marcellino, no edital do BOLETIM do Pão dos Pobres. Porto Alegre. Typographia do Globo, anno 1, n. 1, 15/03/1898.

19 IDEM, p. 3.

Senhor Jesus Cristo, exerçam a caridade no campo em que desabrocham as flores primaveris da vida humana".

Nos anos em que foi dirigido pelo cônego, o **Boletim** apresentava informações diversas, incluindo até fatos internacionais, e mantinha intercâmbios e permutas com a imprensa de Porto Alegre e de outras localidades do estado e do país [20]. Assim, cumpria-se o principal objetivo desse ***impresso*** enquanto - "o encarregado de fazer conhecidos de marcha e progresso, os frutos e a orientação da nossa caridosa instituição o Pão dos Pobres" [21].

Várias de suas páginas eram reservadas para publicar a relação e o tipo das doações recebidas. Dessa forma, o cônego procurava incitar os benfeitores a manterem as suas doações, sugerindo também a participação de novos colaboradores. Os apelos nesse sentido eram repetidos de diversas maneiras e alguns trechos serão anotados abaixo, com o objetivo de ilustrar o que se comentou anteriormente:

"Não vos esqueçais que um dos melhores modos de granjear as bênçãos de Deus e a proteção de Santo Antônio é auxiliar o Pão dos Pobres na manutenção dos órfãos que abriga, instrui e educa"[22].

"Certa moça dessa capital fez interessante promessa a Santo Antônio e a cumpriu: se conseguisse um bom emprego daria todo o primeiro ordenado aos pobres órfãos de Santo Antônio"[23].

Além disso, publicava os balancetes anuais da obra e fornecia detalhes sobre o andamento das construções ou dos projetos, já anunciados e/ou em vias de elaboração, para ampliar o **Abrigo**[24]. Também expunha, nos editoriais do **Boletim**,

---

20 Alusões nesse sentido estão registradas no **Boletim**, Porto Alegre, Typographia do Centro, anno 8, n. 82, p. 3 a 15. O jornal **A Federação**, por exemplo, editado em Porto Alegre, publicava toda semana a lista dos donativos feitos ao Pão dos Pobres, além de outras informações que a direção dessa entidade solicitava, sem qualquer ônus. In: **Boletim**, op. cit., anno 12, n. 113, 1910, p 7.

21 **Boletim**, op. cit., anno 2, n. 13, 1899, p. 10. O grifo é da autora.

22 **Boletim do Pão dos Pobres**, ano XLI, n. 4, set-out-nov/1950, p.8.

23 Op. cit., ano LXI, n. 2, abril, maio, junho/1958, p.14.

24 Em 1903 eram atendidas de 100 a 120 famílias, além de ser feita a distribuição do pão (38.149 pães) e a ajuda mensal para o pagamento de aluguéis de casas. In: **Boletim**, op. cit., anno 5, n. 86, 1903. Para pessoas carentes, concediam-se também auxílios para doenças, enterros, casamentos, viagens, roupas, calçados.

concepções e atitudes que melhor condiziam com o comportamento de todo bom católico. Quando ele fala da caridade, observa que "(...) Ella é tão mal compreendida entre os homens, e por isso é que assistimos quotidianamente a esses dramas tristes de roubos, assassinatos, suicídios, etc., provas evidentes da falta de amor a Deus e ao próximo e, consequentemente, da falta de Caridade! Pensam muitos que ter Caridade é dar dinheiro!" aos pobres. (...) "Ah! Eis aí o engano! Quantos existem que nem em Deus acreditam e, no emtanto, dão esmolas! Será isso Caridade? Não! Mil vezes não! Quantas vezes, uma palavra bem pronunciada, uma conversa que traga a essencia da consolação, e de conforto, valem mais do que muito dinheiro amontoado! Um encarregado a quem vamos levar algum donativo, algum conforto em nome da Religião Cathólica, sente-se alegre, satisfeito, com a nossa visita; e quantos fructos por meio della não colhemos?!"[25].

Tal periódico tinha distribuição gratuita desde a sua criação até a data em que foi publicado o último número, em 1967. A sua tiragem inicial era de 1500 exemplares. Alguns anos mais tarde, o **Boletim** teve uma circulação ainda mais representativa, quando a sua tiragem girava em torno de 4.000 mil exemplares. Foi publicado trimestralmente durante a maior parte da sua existência, com uma média de 20 a 30 páginas cada edição.

Em 1910, com o apoio que o cônego recebeu de vários setores da comunidade, fundou duas escolas onde se encontrava o **Abrigo**: a escola D. Feliciano (para meninos) e a escola D. Sebastião (para meninas). O discurso que proferiu na inauguração assinala o reconhecimento que a entidade, que estava sob a sua direção, vinha obtendo junto a importantes segmentos sociais, quando diz que foi "eficazmente auxiliado pelos beneméritos governos do Estado d do Município. Mais ainda: que o bom amigo Exmo. Sr. Dr. Montaury tem sido desde o início da instituição um devoto e eficaz protetor. Em nosso proveito outros bons amigos, inclusive o comprovado educacionista Sr. Ignácio Montanha, se acham ao meu lado prontos a patrocinarem esta auspiciosa fundação, até mesmo com o sacrifício; o que incontestavelmente é garantia de êxito"[26].

25 **Boletim**, op. cit., anno 5, n. 60, p. 3.

26 Parte do discurso proferido em 24/02/1910. In: PARMAGNANI,op. cit., p. 46.

Já há algum tempo, o cônego Marcellino estava empenhado em reorientar a obra para oferecer outro tipo de atendimento aos órfãos carentes, por entender que formar e prepará-los para a vida, dentro do espírito cristão, era mais importante que ***abrigar*** viúvas. Isso concretizou-se em 1916, alguns anos após a sua morte, quando a congregação dos Irmãos lassalistas, a convite do Arcebispo de Porto Alegre, D. João Becker, assume a instituição, transformando-a em escola de ofício para órfãos pobres, que funcionou em regime de internato fechado, até meados de1960.

Com a morte do cônego , em 1911, o monsenhor Nicolau Marx assume a direção da Pia União, bem como a redação do **Boletim** [27], até 1913, quando essas atribuições passam a ser realizadas pelo Pe. Cordeiro da Silva, o qual foi nomeado pelo novo arcebispo de Porto Alegre, D. João Becker, em consideração ao pedido feito em vida pelo próprio cônego Marcellino.

3.2. *O* **impresso** *no tempo do Orphanotrófio*

A implantação do Orfanato para atender os meninos órfãos, em regime de internato fechado, expressa uma radicalização de representantes da Igreja Católica de Porto Alegre, quanto à formação de segmentos populares. Enfim, era a postura moralizadora que começava a se expandir, com o desenvolvimento do processo industrial, exigindo a construção de identidades que garantissem maior rentabilidade no trabalho, buscada também pelas demais esferas da vida social [28].

Em outros termos, entendia-se que, face ao aumento de meninos pobres, sem a devida assistência da família e com o risco de caírem na vadiagem, o meio a ser utilizado era o de restringir ao máximo o espaço de circulação dessas crianças, mantendo-as sob uma austera orientação, baseada nos princípios da religião católica, com algumas noções de conhecimentos gerais e rudimentos de um ofício.

---

27 No primeiro BOLETIM por ele redigido, após a morte do cônego, fez uma nota de agradecimento pelo acolhimento que recebera do Presidente do Estado Dr. Carlos B. Gonçalves e do intendente Municipal José Montaury, quando lhes comunicou a sua nomeação e, também, afirma ter recebido auxílios. In: BOLETIM, op. cit., anno 14, n. 121, 1912, p. 9.

28 Essa questão é abordada em profundidade na obra de RAGO, Margareth. Do cabaré ao lar - a utopia da cidade disciplinar (Brasil - 1890/1930). Rio de Janeiro. Editora Paz e Terra, 1985.

Sendo assim, as iniciativas para a construção de bases materiais [29] mais adequadas para a realização desse empreendimento foram desencadeadas em torno de 1924, apesar de contar com resistências do próprio campo religioso. O arcebispo D. João Becker temia que o projeto fosse excessivamente arrojado [30] e que não houvesse meios suficientes para a edificação do mesmo. É bem provável que, entre outras coisas, estivesse em jogo a concorrência que este projeto faria a uma outra construção, também de iniciativa da Igreja local - a da Catedral Metropolitana. Afinal, os benfeitores [31] das obras ligadas ao campo religioso eram, em alguma medida, praticamente os mesmos.

O diretor do Pão dos Pobres, o Irmão Júlio, natural da França [32], em resposta às resistências do arcebispo, e respaldado por membros importantes da comunidade, lança mão dos ***impressos*** na capital, devido à premência de tempo. Fez uma carta aberta, com ampla divulgação na **imprensa**, onde apresentou o histórico da instituição. Nessa oportunidade, destacou as condições precárias do seu funcionamento, a importância da obra para a comunidade que, em reconhecimento, vinha lhe concedendo total apoio e com o qual sabia poder também contar no futuro. Sendo assim, havia razões suficientes que justificavam a continuidade do referido projeto.

Dado o significado do seu conteúdo, transcrevem-se a seguir alguns trechos dessa carta. Consistia numa verdadeira "cartada" que estava sendo jogada da forma mais ágil que se dispunha na época e da maneira mais pública possível, já que esse projeto envolvia interesses de vários setores sociais, além do religioso. Por isso, era fundamental obter de imediato um posicionamento dos mesmos face a tal disputa, para melhor definir as próximas estratégias seguintes . Como era esperado, o efeito dessa ação, considerando-se os objetivos a que se propunha

29 Maiores detalhes In: DESAULNIERS, Julieta Beatriz Ramos. A instituição: um lugar de produção social. Revista Véritas. Porto Alegre. EDIPUCRS, V. 40, n.158, jun./1995.

30 PARMAGNANI, op. cit., p. 70.

31 Benfeitores aqui era a denominação dada às pessoas que , na prática, financiavam - "bancavam" - as obras da Igreja.

32 Vale observar que até a década de cinqüenta todos os diretores eram franceses, bem como a grande maioria dos Irmãos que trabalhavam no Pão dos Pobres.

- ampliar as bases materiais da obra para aumentar a sua capacidade de atendimento à população carente, em consequência, o poder da esfera em que estava inserida -, foi muito eficaz, dentre outra coisas, devido à eficácia do meio utilizado: o ***impresso*** [33].

"A IMPRENSA E AOS AMIGOS

"O orfanato Santo Antônio conta atualmente com 65 asilados com aumento de 12 sobre o ano passado. Este momento foi feito com muito sacrifício e incômodos diversos, pois o edifício comporta apenas 54. Mas apresentaram-se meninos tão desamparados que tivemos de aceitá-los. Eleva-se a mais de trezentos o número de pedidos que recebemos nos seis primeiros meses desse ano.

"É duro e dói o coração responder sempre: "Por enquanto não há vaga, tenha paciência", quando um pobrezinho pede chorando para ser recebido ou quando uma viúva carregada de filhos implora com lágrimas nos olhos. Que será dessa multidão de pobrezinhos abandonados?...

"Educados aqui na sã moral cristã e aprendendo um ofício, tornar-se-iam homens honrados e úteis à sociedade, como os que já se formaram neste estabelecimento. Desamparados, porém, muitos deles irão engrossar o número de parasitas, dos revoltados e, quiçá, dos criminosos.

"Urge, pois, tomar medidas para amparar o maior número possível desses infelizes expostos cada dia a todos os perigos que oferecem a rua e as más companhias. Por isso, o diretor do Pão dos Pobres fez elaborar a planta de um edifício, podendo abrigar de 300 a 400 meninos...

---

33 Sem dúvida, o ***impresso*** representa uma estratégia eficaz também porque estava muito bem sincronizada com o seu tempo, desde a sua criação. Enquanto produto da indústria cultural que possibilita ao capitalismo a apropriação dos meios de informação e produção da cultura para transformá-la em mercadorias, seu desenvolvimento e penetração estavam devidamente associados com: - o processo de industrialização do Rio Grande do Sul que, no decorrer das primeiras décadas do século XX, acompanhava a tendência da indústria brasileira, na condição de terceiro principal centro industrial do país; - o fato de que veiculava na capital e interior do estado que contava com a maior taxa de alfabetizados da Federação.

"Para realizar essa planta, contamos com o precioso auxílio do Estado, Município e do Povo.

"Duas comissões, uma de Exmas. Senhoras e outra de Senhores, composta da elite da sociedade porto-alegrense, se encarregarão de angariar donativos.

"(...) A imprensa local, sempre dedicada ao bem público, acolheu favoravelmente o pedido que lhe fizemos de publicar artigos de propaganda e recolher donativos para a construção do novo edifício do Orfanotrófio Pão dos Pobres.

"A todos reiteramos aqui os nossos sinceros agradecimentos pela benevolência com que receberam nossos pedidos e pelos auxílios que nos prometeram."

A força de comunicação do veículo utilizado materializou-se de imediato em várias iniciativas e ações. A construção inicia-se em 15 de agosto de 1925, data de aniversário dos trinta anos da fundação da obra, quando é lançada a pedra fundamental, e as comissões, referidas na carta, passaram a atuar: percorreram bancos e casa comerciais da capital e do interior do estado; atraíram a comunidade através de rifas, festivais, concertos, torneios de futebol, sorteios, prêmios de grande valor e campanhas.

Tais promoções, além de vários tipos de donativos recebidos (terreno, tijolos e outros materiais de construção, maquinários, etc.), foram bastante satisfatórias, superando as expectativas dos Irmãos e possibilitando a concretização do projeto em um período inferior a cinco anos. Em 15 de agosto de 1930, os novos edifícios, com capacidade para mais de 300 internos, foram inaugurados com missa solene e homenagens aos benfeitores. O ato inaugural foi presidido pelo então governador do estado, o Sr. Getúlio Vargas.

As manifestações feitas pelos representantes dos principais poderes, intimamente associados nesse empreendimento, revelaram o interesse, ao "cumprirem o seu papel", em garantir suas posições, como também conseguir reforçá-las, com base nos apoios concedidos mutuamente e, assim, fortalecer seus poderes, no contexto das relações com os vários setores desse espaço social.

A seguir, constam alguns trechos das principais autoridades que discursaram na oportunidade, extraídos do *impresso* especial para essa ocasião, a **Revista do Pão dos Pobres**, "número único, feito imprimir pelos pequenos asylados do Orphanotrofio Santo Antônio do Pão dos Pobres, em homenagem aos seus bemfeitores, no dia da inauguração do novo edificio desse instituto de assistencia social"[34].

"o nosso respeitabilissimo Snr. Arcebispo D. João Becker certamente ajudará (...) a conseguir os recursos precisos para o sustento e educação de um número de Orphãos que corresponda à capacidade do actual edificio. **Isto será não só necessário como justo, pois, o Pão dos Pobres, é o único asylo para meninos Orphãos que aqui existe.**(...) Ao terminar faço um fervoroso appelo ao governo e ao Povo desta generosa e querida terra para que não deixem nunca de amparar e proteger a nossa muito querida Instituição do Pão dos Pobres de S. Antônio. (**Eduardo Secco**, representante da elite porto-alegrense, presidente da comissão que colaborou na construção da obra)

Nesses dois momentos da fala de Secco, o tom é incisivo, visando atentar para o compromisso do campo religioso, bem como dos demais campos sociais, em assegurar a continuidade da obra. Pode-se dizer, em outras palavras, que estava ratificando a iniciativa dos Irmãos lassalistas enquanto representantes da Igreja católica e, ao mesmo tempo, defendendo os próprios interesses dos campos que ali estava representando: o social, o político e o econômico.

"Nas longas fileiras dessa cruzada de cinco annos, formavam nossos benemeritos governantes, nossos brilhantes escriptores e jornalistas e representantes de todas as classes sociais. Todos eram animados pelo mesmo ideal da caridade, todos offereciam, de boa vontade, seu apoio ao louvável intento de se construir para meninos desamparados um abrigo

34 **Revista do Pão dos Pobres**. Porto Alegre. Officinas Graphicas da Livraria do Globo, 13/06/1930 (número único, 46 p.). Essa revista apresentava uma qualidade editorial invejável, pois foi impressa numa das maiores editoras brasileiras na época. Tratava-se da Livraria do Globo, fundada em 1883 e, desde então amplia e aprimora os seus recursos humanos e técnicos, sistematicamente. Em 1929, além de intensificar a produção de livros, passa a investir no ambicioso projeto de lançar uma revista quinzenal (In: TORRESINI Elizabeth W. Rochadel. **Editora Globo: uma aventura editorial nos anos 30 e 40**. Porto Alegre, PUCRS, 1988 (Dissert. de Mestrado), p. 80). Tais conhecimentos certamente foram incorporados à impressão da **Revista do Pão Pobres**.

conveniente...(...) O Orphanotrofio Santo Antônio do Pão dos Pobres, a par dos outros estabelecimentos de caridade, nesta capital, é mais uma vergontéa que brotou e florece na arvore frondosa e fructifera da civilização christã, cujas raizes já ha vinte seculos bebem a seiva vital nos principios evangelicos ensinados por Jesus Christo, o reformador da sociedade humana. (D. João Becker, arcebispo de Porto Alegre)"

O arcebispo aproveita a oportunidade para agradecer aos vários colaboradores dessa "cruzada", além de procurar capitalizar mais esse fruto oriundo das relações interativas entre os interesses dos religiosos e dos demais agentes nela envolvidos, para a "árvore frondosa e frutífera da civilização cristã", conforme suas próprias palavras.

Mais ainda, o arcebispo D. João Becker tentou provar em seu discurso, através de uma extensa argumentação, que os problemas do capitalismo e as terríveis ameaças originadas pela instauração do comunismo (negação da propriedade privada, ateísmo, dissolução dos "bons costumes", dissolução da família, com proliferação de filhos naturais, infância e adolescência pervertidas) só poderiam ser superadas com uma educação moral e religiosa oferecida pela Igreja católica e seus representantes. E, claro está, esse era o grande objetivo do Orfanotrófio, o que lhe assegurava grandes méritos.

Sem dúvida, o discurso proferido pelo arcebispo em ato solene presidido pelo governador do estado consiste numa prova muito significativa do poder que o campo religioso estava ocupando nessa época, junto às várias esferas da sociedade. Essa afirmação feita em seu pronunciamento, dentre outras, demonstra bem isso:

"Nós queremos conservar a ordem social estabelecida sobre as bases do Christianismo. E si na organização social e política da nação se encontra por ventura erros e defeitos, acharemos, dentro do regime das leis, da justiça e da caridade fraterna, os meios convincentes para solucionar os problemas nacionaes (...)"[35]

Isso significa dizer que os agentes sociais ligados a esse campo dispunham de possibilidades não só para sutentar novas concepções, mas também para instaurar novo tipo de **formação**

---

35 IDEM, p. 46.

em suas obras, os valores e formas de ação os quais estavam sendo estendidos a outros setores sociais que com ela interagiam, através de inúmeras estratégias, dentre elas, o ***impresso*** que "ao produzir, divulgar e refazer constantemente informações acabam formando os indivíduos" [36]. Vários são os depoimentos que confirmam esse fato, como o do prefeito de Porto Alegre, no período de 1930-1937, Major Alberto Bins: "Ninguém melhor poderá dispensar o amparo de que necessita a orfandade desvalida, do que a caridade christã. Isso bem o demonstra a obra que o Orfanato do Pão dos Pobres vem mantendo de desenvolvendo" [37].

Após a inauguração do "monumental espaço de caridade"[38], o grande desafio era garantir os recursos necessários à subsistência de todos os órfãos, bem como a própria manutenção das novas instalações.

Isso, em outras palavras, significa dizer que era indispensável garantir e mesmo conquistar mais espaços junto aos agentes dos principais setores da sociedade. Sendo assim, os Irmãos lassalistas reforçam os dispositivos morais e religiosos, que eram capazes de envolver os agentes e neles estruturar um novo ***habitus***, incorporado através de um sistema de crenças e reanimado por festas e símbolos religiosos, os quais serviram para produzir o interesse ou *illusio* em torno do Pão dos Pobres, assegurando-lhes os benefícios econômicos de que necessitavam para dar continuidade ao processo de formação de futuros trabalhadores.

E, nesse empreendimento, mais uma vez, foi decisivo o papel desempenhado pelo **Boletim**. Foi sempre um veículo útil para manter acesas as devoções, as crenças e os deveres relativos a Santo Antônio, o padroeiro da obra. Assim, prolongou-se no tempo a comunhão e a comunicação entre o Pão dos Pobres e a sociedade.

---

36 TORESSINI, op. cit., p. 17.

37 PARMAGNANI, op. cit., p. 108.

38 Essa é uma expressão repetida com freqüência no **Boletim** e nos discursos de autoridades eclesiais e civis, quando se referiam ao Orfanotrófio. Um artigo publicado nesse impresso menciona que se trata de um "monumento de fé christã, que se ergue para a glória do divino Salvador em benefício de nossa sociedade". In: **Boletim**, op. cit., anno XXXIII, n.1, jan/fev 1932, p. 9.

Alguns trechos do **Boletim** que foram publicados em diferentes épocas, anotados a seguir, comprovam essas afirmações:"Nas vésperas da festa de Santo Antônio fui procurado duas vezes por um rapaz que perdera todo o seu dinheiro. Melancólico disse: "Estou frito!"
É uma liçãosinha de Santo antônio, disse-lhe eu. Às vezes esquecemo-nos de certos deveres que ele nos quer recordar... Reze. Êle o achará...."[39]

"Há alguns anos, assisto, às terças-feiras, a missa celebrada na capela de Santo Antônio do Pão dos Pobres. Centenas de pessoas - homens, mulheres e crianças - de todos os pontos da cidade ali afluem, uns para pagarem promessas recebidas e outras para pedir graças ao grande taumaturgo de Pádua"[40].

"Nosso amigo e Benfeitor, Sr. Paulo Ribeiro, ofertou aos órfãos dia 31 de maio p.p., um suculento churrasco. Renovamos, pelo Boletim, os nossos sinceros agradecimentos. Por ocasião da Festa de Santo Antônio, foi prestada singela homenagem ao nosso Benfeitor"[41].

"A Direção do Pão dos Pobres, os Irmãos e os Órfãos vêm, por intermédio do Boletim, manifestar seu mais vivo agradecimento às Autoridades Eclesiásticas, Civis e Militares, aos Bancos, Indústria e Comércio, aos organizadores, patronesses e colaboradores de chás e jantares e a tôdas as pessoas que de um ou de outro modo contribuiram para o bom êxito e brilhantismo das festividades em honra de Santo Antônio patrono do Pão dos Pobres"[42].

"TIPOGRAFIA SANTO ANTÔNIO DO PÃO DOS POBRES

"Está em condições de executar todos os serviços do ramo.

"Dando-nos a vossa preferência além de bem servidos, estareis auxiliando a benemérita instituição do Pão dos Pobres e Deus Nosso Senhor, por intermédio do grande sto. Antônio, abençoará sempre mais vossos negócios.

"SANTO ANTÔNIO! OBRIGADO, MUITO OBRIGADO!"

"Quem freqüenta os atos religiosos, celebrados na Igreja de Santo Antônio do Pão dos Pobres, ouve seguidamente o

---

39 **Boletim**, op. cit., ano LXI, n. 2, abr-maio-jun/1958, p. 11.
40 **Boletim**, ano XLI, n. 4, set-out-nov/1940, p. 12.
41 **Boletim**, op. cit., ano LVII, n. 2, mar-abr-mai/1956, p, 9.
42 IDEM, p. 15.

pronunciar destas palavras:

"Santo Antônio! Obrigado, muito obrigado!

"Quem tem os sentimentos de amor ao grande Taumaturgo de Pádua, não deixa de ficar comovido. É o produto de Fé no "Santo do Mundo", sempre pronto a ouvir as preces puras e sinceras de sua imensa legião de devotos.

E, por isso não podemos deixar de narrar fatos conhecidos referentes a graças obtidas por meio da intercessão de Santo Antônio"[43]

Os vários poderes atribuídos a Santo Antônio - padroeiro das coisas perdidas e das realizações quase impossíveis - foram bastante propalados pelos responsáveis do Orfanotrófio e imediatamente associados aos órfãos internos, considerados seres "perdidos, desvalidos e abandonados pela própria sorte"; quase que por milagre, a ***formação*** que essa entidade lhes oferecia transformava-os em homens sadios, física e moralmente, para bem servir a eles e à Pátria.

Tal associação reforçou o significado e a importância do capital simbólico da instituição, o que lhe permitiu realizar os mais variados tipos de manipulação quanto aos poderes do Santo, envolvendo segmentos da comunidade, independente de faixa etária e *status* sócio-econômico. Em decorrência disso, criaram-se inúmeros mecanismos para arrecadar fundos ao Pão dos Pobres, tais como:

- venda de velas aos fiéis, para pagarem as suas promessas;
- comemoração de bodas de casamento, quando o casal oferecia uma doação ao santo casamenteiro;
- trezenas às terças-feiras, como oportunidade para dar esmola ao santo multimilagreiro;
- pagamento de promessas alcançadas: com o salário do mês, com parte de seus bens ou com uma oferenda, dada durante um certo período aos órfãos (roupa, presentes, alimento);
- datas de aniversário de morte, reverenciadas com uma doação a Santo Antônio, entregue ao Pão dos Pobres;
- promoção da grande festa anual - considerada a festa dos órfãos

43 IDEM, p. 8.

- em junho, como homenagem a Santo Antônio, organizada pelo casal festeiro nomeado pela direção da entidade. Os festejos duravam alguns dias, envolvendo a comunidade, desde os preparativos até o encerramento, como um meio certo de obtenção anual de recursos para o Pão dos Pobres, graças a Santo Antônio.

Esses dados informam que a publicação desse ***impresso*** exerceu um papel importantíssimo ao veicular a imagem da obra do Pão dos Pobres e, dessa forma, assegurou e expandiu a esfera de poder do espaço que representava: o campo religioso. Além disso, constitui-se mais um agente a formar a opinião da sociedade civil sobre os aspectos do referido campo, como também sobre questões mais gerais da sociedade. Pretende-se, a seguir, tecer alguns comentários nesse sentido.

4. Os saberes instaurados via impresso

Os temas mais diversos eram abordados no **Boletim**, desde que tivessem alguma relação com fatos, princípios ou idéias da realidade social e se prestassem a veicular: o posicionamento da Igreja enquanto instituição universal, nacional e local; os princípios fundamentais da religião católica; os principais pressupostos que guiavam as ações e empreendimentos da congregação lassalista. O referido ***impresso*** revelava uma postura bastante moralista, especialmente quando tratava de problemas defendidos pelo novo discurso religioso, tais como: família, propriedade, comunismo, papel do Estado frente à questão social, movimentos associativos entre leigos católicos, trabalho, operário.

"A DIGNIDADE DO OPERÁRIO

"O respeito da dignidade do operário atingirá o seu alvo só quando se terá uma idéia do trabalho, de par com a de Cristo, o qual vem nos lembrar, rehabilitando o seu trabalho manual pelo seu exemplo como carpinteiro de Nazaré. No plano todo o trabalho é uma colaboração à obra criadora de Deus e à obra de Cristo.

"O trabalho do batizado é portanto um trabalho duplamente divino. Ele, é divino, porque dá glória a Deus por esta colaboração do homem com o seu criador e especialmente porque a Trindade S.S., habitando no operário, pela vida de graça, faz-lhe imitar esse trabalhador, humilde operário humano, encarnado pela salvação do mundo.

"Portanto, respeito e admiração para todos os operários, os quais, pelo seu trabalho devem realizar o seu destino providencial, que é uma obra de amor, amor de Deus e amor de seus irmãos"[44].

O trabalho é concebido como um ato que envolve a imitação gestual. Além de dignificar o trabalhador, à medida que se constitui uma reverência a Deus e ao próximo, tal ato, quando realizado por um católico (batizado), assume o *status* de divino. Sugere-se assim, que trabalhar sempre e com toda dedicação é a melhor maneira de viver enquanto cristão. Esse, aliás, é o postulado que fundamenta a ***forma*** como o Pão dos Pobres instaura a ***formação*** junto aos órfãos internos, futuros trabalhadores [45].

A concepção relativa ao trabalho, central para o desenvolvimento do capitalismo industrial que estava se consolidando em Porto Alegre e no Brasil como um todo, e a outros valores e atitudes a ela associados, obtêm um significativo incremento com as posturas sustentadas pela Igreja católica através de seus representantes que atuavam junto ao Pão Pobres, uma das maiores escolas do estado, voltada à formação de segmentos populares, até meados da década de sessenta.

Isso está claramente exposto no **Boletim,** que assinala as várias responsabilidades que cada indivíduo, para ser considerado um homem de caráter, deve cumprir fielmente. O trecho publicado é o seguinte:

"RESPONSABILIDADE E HIGIENE MORAL

"Cada indivíduo possui certas 'capacidades' físicas, artísticas, científicas ou espirituais, que representam, por assim dizer, energia potencial que lhe é confiada para que a transforme em energia atual, isto é, seja movimentada, de maneira a beneficiar o próximo e ao mesmo tempo justificar-se dos dons ou capital

---

44 IDEM, p, 10.

45 Esses aspectos são analisados In: DESAULNIERS, Julieta B.R. Le control de le temps et de l'espace: un moyen de formation, trabalho apresentado no XVI ISCHE (Congresso Internacional de História de Educação, realizado em Amsterdã/Holanda, em agosto/1994.

recebido.

"Esta é a primeira das responsabilidades que recai sobre todos : ser produtivo, naquilo que é capaz. Mas não basta.

"Seres racionais como somos , não podemos agir como outros animais, que apenas reagem a estímulos a medida que estes vão surgindo; temos que traçar de antemão a conduta de nossa vida, em todos os setores de nossa atividade: o familiar, o profissional, o social, o religioso, etc. Ficamos, assim, ligados a grande número de compromissos. E cumpri-los fielmente é o que individualiza o homem de caráter...

"(...) Cumpramos, pois, nossas obrigações.

"Teremos assim contribuído para nosso próprio aperfeiçoamento, a felicidade do próximo e grandeza da Pátria"[46].

A postura dos representantes da Igreja católica em relação ao comunismo foi propalada através de vários meios e práticas, em Porto Alegre e no interior do estado: via ***impressos*** ou em pronunciamentos públicos e, igualmente, via formação desenvolvida no Pão dos Pobres. Constituíam-se, para o bem da Igreja católica, verdadeiros guardiões do capital do campo religioso.

"O COMUNISMO É CORRUPÇÃO

"A oposição da igreja ao comunismo provém de que sua sabedoria secular está vendo no comunismo a corrupção metida no meio da Cristandade, a abolição total de toda ordem cristã. É preciso que as consciências dos católicos brasileiros fiquem de uma boa vez esclarecidas de que não há possibilidade alguma de conciliação entre o catolicismo e o comunismo ateu, de que um católico não pode gravemente em consciência, sob pena de pecado, filiar-se ao partido comunista nem prestigiar com sua presença um ato oficial desse partido..."[47]

Mais uma prova disso encontra-se nos comentários feitos em 1941, sobre a fundação da Juventude Católica Operária - JOC, que é apresentada como um possível antídoto contra os perigos do comunismo para os operários, já que tal movimento assume um caráter imprescindível a todo jovem trabalhador católico, pois tem condições de oferecer-lhe benefícios tanto em vida, quanto

---

46 **Boletim**, op. cit., ano XLVI, n. 4, out-nov-dez/1945, p. 9

47 **Boletim**, op. cit., ano XLII, n. 1, jan-fev-mar/1941, p. 6.

na morte.

"NOVA LUZ BRILHOU

"Sim, uma nova luz brilhou; uma estrela nova surgiu! Jovens trabalhadores, para vós brilha uma nova esperança, há alguém que se interessa por vós, quer ajudar-vos. Esta luz é a J.O.C..

"Perguntais logo que é a J.O.C.? Cardijn vô-lo dirá: " A J.O.C. é um MOVIMENTO de jovens trabalhadores Católicos PARA TODOS os Jovens Trabalhadores do universo"..

"(...) Jovem : há muitos movimentos DE juventude, mas há só UM movimento De juventude PARA a juventude - aquele que é inspirado por Cristo, pregado pela Igreja. Os outros movimentos não são PARA a juventude; são apenas para as emprêsas para fazer dinheiro e não para fazer viver feliz e morrer bem..." [48].

Os alertas veiculados pelo **Boletim** eram dirigidos a todos. Aos jovens universitários, faziam advertências, com o intuito de oferecer parâmetros à sua formação política, associados aos princípios da religião católica.

"OS UNIVERSITÁRIOS BRASILEIROS

"A maioria absoluta dos estudantes "não comprometidos" está contra o atual estado de coisas em Cuba.

"Há pouco tempo ainda, Fidel Castro era aclamado por todos. Constituía-se, então, em porta-voz da liberdade contra a tirania de Fulgêncio Batista e a escravidão imperialista imposta a Cuba.

"Hoje Fidel Castro não é mais o ídolo que foi, hoje êle é um tirano cruel e sanguinário. Antes era o símbolo da libertação nacional e hoje é o espectro e algoz da liberdade" [49].

Na mesma perspectiva, propunham para qualquer pessoa que estivesse querendo se alimentar uma

"BOA RECEITA

"Uma ótima sopa prepara-se com os seguintes ingredientes:

"Água da fonte da OBEDIÊNCIA, duas raízes da planta

---

48 **Boletim**, op. cit., ano LVIII, n. 1, jan-fev-mar/1957, p. 14 e 15.

49 **Boletim**, op. cit., ano XLI, n. 1, jan-fev-mar/1962, p. 9.

do BOM CORAÇÃO, alguns frutos da árvore do BOM COMPORTAMENTO, quatro raminhos do arbusto de ATENÇÃO A MAMÃE, outros três do RESPEITO AO PAPAI, cinco fôlhas da trepadeira NÃO CAUSAR DANOS AOS OUTROS e duas sementes de QUERO SER BOM..

Não fará mal um pratinho de tal sopa.. " [50]

Também assumiam, via ***impresso***, posições firmes face aos embates desencadeados entre os agentes do campo do poder. E proclamavam, sempre que convinha, o seu aplauso e o seu apoio em relação a tais disputas, nos seguintes termos:

"OBSERVANDO (1937-1940)

"Devemos todos louvar a Política atual de nossa Pátria, que exalta tudo que é nobre e vai guiando a Nação com firmeza, por meio de leis sábias e profundamente cristãs, e estabelecendo a harmonia e a perfeita confiança entre dirigentes e dirigidos!

"Estamos agora unidos sob a mesma Bandeira gloriosa, identificados no ideal sublime de engrandecimento do Brasil! Todos trabalham e procuram desenvolver a produção nacional e enriquecer o seu parque industrial..." [51]

Os novos símbolos criados pelo consumismo, que afrontavam de forma direta os fundamentos do capital simbólico do campo religioso, contavam, igualmente, com a presteza dos seus guardiões, que não poupavam esforços - com palavras e possíveis ações - para atacá-los. Isso foi o que aconteceu com a figura do

"PAPAI NOEL

"Mais uma vez aproxima-se a belíssima festa do Santo Natal. E o centro dela é o adorável e meigo Infante da gruta de Belém: o dulcíssimo Menino Jesus.

"Mas o que é triste e lamentável é que se quer por todos os meios substituir o gracioso Menino Deus pela hedionda e mascarada figura do "Papai Noel". Num país católico como êste urge fazer uma campanha aberta contra um tal abuso e falta de vergonha!.." [52]

---

50 **Boletim**, op. cit., ano LI, n.2, abr-mai-jun/1950, p. 6.

51 **Boletim**, op. cit., ano XLI, n. 4, set-out-nov/1940, p. 12.

52 **Boletim**, op. cit., ano LVI, n. 4, set-out-nov/1955, p. 18.

Os intelectuais e o "inventos dos homens" eram tratados do mesmo modo e, inclusive os "inimigos" da Igreja, que não eram capazes de compreender a atitude dos representantes dessa Instituição, frente aos problemas que estavam sendo causados pelas descobertas "materialistas" e imorais, à "mentalidade geral da humanidade", como o cinema, por exemplo. Vale a pena conferir os comentários feitos nesse sentido, publicados no **Boletim**:

"O CINEMA A SERVIÇO DO BEM

"Os inimigos da Igreja não sabem compreender a atitude da mesma em face das manifestações intelectuais e dos inventos dos homens. Presos às suas concepções pessoais da vida, incapazes de aprender a repercussão das descobertas na mentalidade geral da humanidade, mergulhados até os cabelos nas manifestações materialistas da concupiscência e da imoralidade, os que atacam a Igreja por acautelar seus fiéis contra o " inimicus homo" demonstram uma curteza de espírito e uma incapacidade de julgamento dignas de lástima...

"(...)O que acabamos de dizer , pode-se muito acertadamente aplicar ao caso do cinema, que tem sido tão mal empregrado pelos homens, de dinheiro ou poder. Ou são os judeus americanos a explorar o que há de pior na baixeza humana, ou são os ditadores totalitários a querer convencer pelos olhos e pelo som aqueles que ainda não vacilam sobre as " benemerências" das suas doutrinas e atitudes..." [53]

A base da felicidade situava-se no ambiemte de uma família constituída a partir dos preceitos sustentados pela Igreja católica e que garantisse o "aconchego" necessário à prole:

"NÃO SE CONSTRÓI A FELICIDADE SOBRE A INFELICIDADE ALHEIA

"A felicidade paira acima do material, paira acima dessas questões objetivas tidas como principais, apenas por que as sinta.

"Fora do lar que se formou com gosto e entusiasmo, onde os filhos desejam e precisam do aconchego dos pais, é impossível a gente sentir-se feliz.

"Para isso se esconderia o popular conceito onde se encerra

---

53 **Boletim**, op. cit., ano XLIII, n. 4, out-nov-dez/1942, p. 7.

54 **Boletim**, op. cit., ano XLIV, n. 2, abr-mai-jun/1943, p. 7.

uma grande verdade filosófica: " não se constroi felicidade sobre a infelicidade alheia" [54].

É considerável a quantidade de textos - com um conteúdo variado, como os que foram expostos aqui - que foram publicados no **Boletim**, durante os seus setenta anos de existência. Esse *impresso* tinha concorrentes de peso [55], mas como representavam especialmente interesses de outros campos sociais, não lhe impuseram maiores obstáculos. Pelo contrário, mantiveram com o **Boletim** relações interativas [56], tal como os seus vários agentes sociais que se encontravam implicados em iniciativas em comum com o Orfanatrófio, nesse período. Assim, o processo de formação desencadeado pelo Pão dos Pobres, ao instaurar um conjunto complexo de saberes associado a um trabalho propriamente religioso, cuja finalidade era produzir e reproduzir significados sagrados que assegurassem setido à vida em sociedade, foi-se consolidando e expandindo consideravelmente, com o auxílio desse *impresso* - o **Boletim Pão dos Pobres de Santo Antônio.**

5. *Considerações finais*

Com a valorização do capital religioso, através da inculcação *via impresso* de um sistema de práticas e representações consagradas - valores, crenças e símbolos -, "cuja estrutura (estruturada) reproduz sob forma transfigurada (irreconhecível) a estrutura das relações econômicas e sociais vigentes" [57], a obra do Pão dos Pobres e a própria Igreja local obtiveram maior legitimação.

Esse processo provocou uma mudança nos *habitus*, em especial, de parte da população de Porto Alegre, com relação a certos problemas sociais, convertendo o *ethos* em ética, através de "um conjunto sistematizado de normas explícitas" [58], pelo qual

---

55 O número de editoras e de livrarias existentes na década de vinte girava em torno de uma dezena e muitas foram fundadas no início desse século, além de vários jornais que circulavam em Porto Alegre e no interior do estado. In: TORRESINI, op. cit..

56 Nesse sentido, conferir informações expostas no rodapé n.33, p. 10.

57 BOURDIEU, P. A economia das trocas simbólicas. São Paulo. Editora Perspectiva, 1987, p. 46.

58 IDEM, p. 46.

se propunha uma nova forma de encarar inúmeras questões, dentre elas, a pobreza. O apelo maior nesse sentido referia-se aos deveres de cada cristão face a essa realidade: era necessário concretizar o apoio, através de iniciativas de ajuda material que objetivassem de alguma forma melhorar as condições de vida dos "filhos de Deus" socorridos pelo Pão dos Pobres.

Em outros termos, o resultado obtido ***via impresso*** foi, sem dúvida, o fortalecimento do capital religioso, através de um processo de formação que se sustentava na instauração de inúmeros saberes e se estendeu tanto aos formandos do Pão dos Pobres, quanto a todos que, de algum modo, articulavam-se a esse meio pedagógico. Assim, como se demonstrou aqui, uma das **formas** utilizadas para operacionalizar o novo discruso religioso foi o **Boletim** , garantindo e mesmo ampliando os espaços de possibilidades do campo religioso em Porto Alegre e também no interior do estado.

Todavia, com a deterioração do capital religioso - cada vez menos valorizado pelos diferentes setores sociais com o avanço da secularização, nos termos em que estava sendo postulado - o Pão dos Pobres, no decorrer da década de sessenta, começou a viver os primeiros sinais de declínio, ou seja, configura-se nesse tempo uma nova descontinuidade na trajetória do Pão dos Pobres, pois, como bem alerta Bourdieu, a trajetória de cada campo está inscrita, a cada momento, em sua própria estrutura e nas relações que estabelece com os demais campos do espaço social, com que interage [59]. Sendo assim, o fim do ***impresso*** constitui-se uma evidência das rupturas que decorrem desse jogo de relações de disputa.

59 IDEM, p. 40.

VIGILÂNCIA E CONTROLE: OS ANUÁRIOS DO ENSINO DO ESTADO DE SÃO PAULO E A HISTÓRIA DO TRABALHO DOCENTE NO BRASIL (1907-1937)

Denice Barbara Catani
Ana Laura Godinho Lima
(Universidade de São Paulo)

O presente texto tanto quanto o texto "O movimento dos professores e a organização da categoria profissional: estudo a partir da imprensa periódica educacional", incluso neste livro, integra resultados de projetos de pesquisa articulados que estudam a produção e circulação de periódicos educacionais e sua capacidade de intervenção na organização do espaço profissional do magistério[1]. Tais pesquisas têm se desenvolvido buscando contribuir para o estabelecimento de uma história serial da imprensa periódica educacional paulista e sistematizar materiais que possam ser utilizados como fontes para outros estudos. A análise das revistas de ensino do período imediatamente posterior ao advento da República e das primeiras décadas deste século no Brasil, tem permitido conhecer várias dimensões da vida escolar e da organização do espaço profissional dos educadores. Saberes e práticas que transitavam entre os professores, traduções de medidas legais e idealizações sobre a qualidade de ensino constituem grande parte das produções dessa imprensa periódica educacional. Pesquisadores europeus têm chamado a atenção para o valor desses materiais nas reconstruções da história da educação e os estudos de Pierre Caspard e Antonio Nóvoa que integram este volume discutem o estatuto informativo dos repertórios analíticos, enquanto "pesquisa instrumento", destinados a informar sobre os periódicos educacionais, seu ciclo de vida, colaboradores e âmbito de circulação num trabalho que potencializa o recurso às revistas de ensino para estudos sobre a

1 Os projetos são: "Imprensa Periódica Educacional: os **Anuários do Ensino do Estado de São Paulo** - Catálogos de exposição do campo educacional (1907-1937) CATANI, D.B. (CNPq) e, como desdobramento deste, "O Trabalho Docente: Práticas e Representações (Um estudo dos **Anuários do Ensino do Estado de São Paulo:** 1907-1937) GODINHO LIMA, A.L. (FAPESP)

história das práticas e saberes escolares, do trabalho docente e da constituição do campo educacional.

Os **Anuários do Ensino do Estado de São Paulo** constituem publicações que circularam, por iniciativa oficial da Inspetoria Geral do Ensino e, posteriormente, da Diretoria Geral da Instrução Pública, entre 1907 e 1937. Com nítidas funções de celebração das excelências do sistema educacional, esses periódicos informam e disciplinam, ao mesmo tempo, as diversas instâncias do campo profissional. O estudo pretende caracterizar as representações divulgadas sobre o trabalho docente e, em especial, a maneira pela qual o Estado estabeleceu mecanismos de vigilância e controle da atuação dos professores explicitados no exercício da função pedagógica. Utilizando-se dos conceitos de **práticas** e **representações** (CHARTIER, 1990) os projetos aos quais se vincula este estudo analisam o caráter performativo inerente às produções veiculadas pelos **Anuários**, de modo a tornar visíveis as várias relações entre os discursos e as práticas dos professores e inspetores escolares. A produção de informações e saberes pedagógicos nessa publicação é vista como parte do processo de ordenação do campo educacional que, no primeiro período republicano, visava a maximizar os efeitos da ação das escolas, entendidas como "focos de luz" ou motores do progresso nacional.

* * *

A leitura dos textos de homens que lidaram com educação e viveram o primeiro período republicano no Brasil, especialmente entre 1890 e 1930, como é o caso de João Lourenço Rodrigues, professor e Inspetor Geral do Ensino no Estado de São Paulo, esboça um quadro no qual são abundantes as referências a um "período áureo" que se seguiu imediatamente ao advento da República. De fato, na última década do século passado, a caracterização do projeto de iluminação do país pelos poderes da educação do povo conduziu as iniciativas de construção de escolas, de atenção para com a formação dos professores, os programas de ensino e as condições de trabalho dos mestres. Os traços principais dessas reformas republicanas levadas a efeito em São Paulo e noutros estados, resguardadas pela descentralização que o princípio constitucional garantia, já foram descritos por vários autores. (AZEVEDO, 1976, NAGLE, 1974 e CARVALHO, M.M.C. 1989)

A memória de João Lourenço Rodrigues (1930) e outros homens do período reconhece uma grande ênfase dada aos projetos educacionais, nas últimas décadas do século passado, em contraposição ao que se seguiu nos primeiros anos deste: as figurações escolhidas pelos autores para essas duas fases lembram simultaneamente um "período áureo" e uma fase de "penumbra". Essas "metáforas da iluminação" [2] ao mesmo tempo que buscam descrever bem os feitos e representações dos homens do tempo fazem incidir maior claridade sobre os atos administrativos e a ação de conhecidos educadores. É por esta razão que a primeira década deste século, especialmente para o caso de São Paulo, parece destituída de relevância do ponto de vista educacional e assim tem sido descrita, em oposição aos anos noventa do anterior ou aos anos vinte deste que vivemos. Um outro modo de analisar a questão permite constatar de um lado, o modo como essas visões se construíram pela percepção dos educadores da época e de outro, o fato de que os anos iniciais do século vinte, no caso paulista, conheceram uma intensa atividade dos professores.

Desde 1901, os professores públicos paulistas congregam-se na primeira entidade de defesa da categoria profissional, a Associação Beneficente do Professorado Público de São Paulo, que a partir de 1902 e até 1919 irá editar a **Revista de Ensino**, periódico importante no processo de produção e circulação dos saberes pedagógicos no estado e material bastante lido pelos docentes. No processo de organização de outras leituras periódicas destinadas a professores irão aparecer os **Anuários do Ensino do Estado de São Paulo**, a partir de 1908, em processo não muito pacífico e revelando discordâncias entre o grupo de professores da Associação e as instâncias burocráticas estaduais, que chegam a pretender que a Inspetoria responsável pela edição dos **Anuários** torne esse periódico um substituto da **Revista de Ensino**. As lutas em torno dessas discordâncias caracterizaram o

2 A expressão "metáforas da iluminação", bem como a análise sobre o movimento docente em São Paulo nas duas primeiras décadas deste século, encontra-se em CATANI, D.B. **Educadores à Meia-Luz**, FEUSP, 1989, doutoramento.

processo de fortalecimento do espaço profissional dos educadores. As funções mais nítidas que a publicação parece desempenhar marcam-se pelo tom laudatório das excelências do sistema de ensino paulista, pela celebração das grandezas numéricas e qualitativas que os produtores fazem desfilar pelas páginas sob a forma dos quadros estatísticos e dos relatórios dos inspetores.[3]

Desde a edição do primeiro **Anuário,** que se referia ao movimento do ensino de 1907, a preocupação em valorizar os trabalhos ligados à inspeção escolar é notória e de tal ordem que o Inspetor Geral da Instrução Pública, João Lourenço descreve longamente as vicissitudes desses serviços no estado, desde a primeira metade do século passado. A conciliação das funções de vigilância e controle do trabalho docente esboça-se lentamente e acresce-se no final do século de argumentos que defendem cada vez com maior intensidade o exercício da orientação pedagógica pelos inspetores com vistas ao aperfeiçoamento da atuação dos professores. Assim, na própria produção dos **Anuários**, os relatórios dos inspetores escolares vão assumindo progressivamente um tom técnico pelo qual se apresenta um diagnóstico da situação das escolas e da ação pedagógica dos professores de maneira a sistematizar as propostas de intervenção que são feitas. E mesmo, nesse início do século, os inspetores como J. Carneiro da Silva, Theodoro R. de Moraes e outros empenham-se em elaborar e editar orientações metodológicas para os mestres.

Entre as dimensões da orientação técnica e do controle, os inspetores vão de modo progressivo instituindo saberes que submetem o trabalho docente a processos de ordenação e racionalização expressos em prescrições e aconselhamento. O exame de vários dos exemplares dos **Anuários** evidencia como as próprias medidas organizacionais referentes à rede de escolas e a estruturação da carreira profissional do professor paulista vão convergindo para a realização do trabalho docente bem ordenado

3 CATANI, D.B. "Informação Disciplina e Celebração: os **Anuários do Ensino do Estado de São Paulo"** Texto apresentado na XVI Reunião Anual da ANPED (Associação Nacional de Pós Graduação em Educação) Caxambu, MG, 1993

e controlado.[4] Contendo textos de educadores e personalidades reconhecidas do período em que foram publicados, e refletindo a concepção oficial dos responsáveis pela instrução, especialmente em seus relatórios, os **Anuários** divulgam apreciações do sistema educacional e propostas para a resolução dos problemas observados, além de quadros que buscam delinear o desenvolvimento do ensino em todos os níveis. Esses relatórios constituem um material privilegiado para a análise das práticas e das representações do magistério, do ponto de vista dos diretores do ensino e dos inspetores escolares que, em função da autoridade conferida pelo cargo procuravam disciplinar e orientar o trabalho docente de acordo com os objetivos do programa de educação que pretendiam implantar em todo o estado.

Nos primeiros volumes dos **Anuários**, aparece como uma das maiores preocupações de João Lourenço Rodrigues, o Inspetor Geral, a unificação do ensino em todo o Estado, mediante a propagação dos procedimentos empregados na Escola-Modelo. O Inspetor considerava que era necessário prestar maior assistência aos mestres, que viviam desanimados e dispersos, era preciso entusiasmá-los e chamar a sua atenção para a importância do papel que lhes cabia desempenhar: à orientação mesclava-se a conclamação. As escolas isoladas, como a própria denominação indica, devido a sua desarticulação, em relação ao todo, eram consideradas como estabelecimentos problemáticos, que exigiam atenção especial.

De acordo com a lei de carreira vigente na época, os professores recém-formados deveriam iniciar o exercício do magistério em escolas isoladas, onde permaneceriam por um ano para conseguir promoção. Dessa maneira, os mestres de escola isolada eram inexperientes, não estavam habituados à prática e encontravam grandes dificuldades em lidar com a turma de alunos. Na zona rural os estabelecimentos possuíam uma estrutura material precária e todas as crianças em idade escolar freqüentavam a mesma classe, o que dificultava ainda mais o

4 Uma análise dessa questão da atuação docente e dos saberes sobre ela pode ser encontrada no texto de NARODOWSKI, M. "El docente como intelectual vigilado. Una aproximación desde la historia del discurso pedagógico", apresentado na XVIII Reunião Anual da ANPED (Associação Nacional de Pós Graduação em Educação) Minas Gerais, 1995.

trabalho dos professores, que precisavam ensinar alunos de diferentes idades e graus de instrução. Tudo isso gerava uma grande instabilidade nas escolas isoladas, pois havia professores que residiam longe da localidade onde lecionavam e acabavam sendo pouco assíduos e pontuais. A distância e a dificuldade de obter transporte acabava levando às faltas e aos atrasos. Além disso, havia professores que encerravam a aula mais cedo, para não perder a condução. Vários inspetores entendiam que o mestre deveria ser obrigado a residir na região onde estivesse situada a escola. O desejo de estabelecer essa exigência estava relacionado também a outro fator muito importante, que se referia à idéia de que o professor não deveria ter contato com a população escolar apenas durante as aulas, sendo considerado imprescindível que ele estivesse em estreita convivência com a comunidade, orientando as crianças e as suas famílias, convencendo os pais da importância da instrução de seus filhos. Além disso, o mestre deveria ser o exemplo de conduta para a população, apresentando um caráter sólido e um comportamento irreparável, que serviria de modelo para a transformação de toda a comunidade.

"Além da idoneidade moral e intelectual, exigível de todo educador, requer-se também, no caso da escola rural, que ele se identifique com o meio em que deve agir. Para isso é necessário que o professor more na sede da escola, estabeleça relações de amizade com as famílias dos alunos, e esteja em contato com a população do lugar."(**Anuário do Ensino do Estado**... 1918, p.812)

Um exemplo significativo dessa concepção constituiu-se pela realização de um curso de Higiene Escolar que foi promovido na capital, destinado aos diretores escolares, os quais deveriam transmitir os ensinamentos aos professores que, por sua vez, ensinariam ao aluno, que levaria até sua família os hábitos recomendáveis de higiene, fornecendo ainda noções de profilaxia e tratamento para as doenças contagiosas.

"Eduque-se a criança que ela será educadora de seus pais. Os princípios comesinhos de higiene são desconhecidos do caboclo, mas, aos poucos estes irão se convencendo da verdade e se adaptando ao novo regime que se impõe, à medida que forem recebendo outras lições de esclarecimento e à medida que a sua educação for melhorando."(**Anuário do Ensino do Estado**...1918, p.774)

Uma questão freqüentemente discutida pelos inspetores

consistia na lei de carreira, que fazia com que os professores permanecessem na escola apenas o tempo necessário para conseguir a sua remoção para um lugar melhor. Nesse sentido, segundo a descrição dos Anuários, o mestre desinteressava-se da tarefa de efetivamente ensinar, pois o que garantiria a promoção não era a qualidade do seu trabalho, mas apenas o tempo que permanecia no estabelecimento. A quantidade de licenças solicitadas e concedidas, interrompendo o andamento regular do ano letivo era outro problema sempre apontado.

O trabalho solitário do professor de escola isolada era outro fator a preocupar as autoridades do ensino. Considerava-se que a inspeção dessas escolas deveria ser mais freqüente, e o trabalho realizado nelas precisaria ser acompanhado mais de perto. Na ausência da figura do diretor, aos inspetores caberia a tarefa de aconselhar, corrigir e entusiasmar os mestres desses estabelecimentos.

O ensino desenvolvido nos grupos escolares, por outro lado, era considerado bom na avaliação dos Diretores Gerais e Inspetores. Os grupos situavam-se nas sedes dos municípios, apresentavam uma estrutura melhor, no que se refere à instalação e à dotação material e contavam com professores mais experientes do que os de escola isolada. Além disso, suas classes eram mais homogêneas com relação à idade e ao grau de instrução dos alunos. O elemento principal que diferenciava o ensino das escolas isoladas e o dos grupos, no entanto, era a existência de um diretor nesse tipo de escola, sendo que os demais fatores eram apresentados como secundários. Entendia-se que, se os professores trabalhavam bem, era porque contavam com uma boa orientação; constante direta e vigilante.

Com relação às Escolas Normais, encontramos registradas nas páginas dos Anuários diversos tipos de críticas e sugestões. O paradigma de excelência constantemente referido eram as instituições análogas dos Estados Unidos. Um dos problemas apontados nos estabelecimentos brasileiros era a deficiência da formação prática oferecida pelas Normais. O tempo dedicado à prática durante a formação era considerado insuficiente, sendo que muitos alunos das Escolas Normais só iriam aprender de fato a prática quando já estavam exercendo a carreira e já não podiam contar com a orientação dos lentes. Nesse sentido, a

Escola-Modelo era tida como imprescindível para a formação que se pretendia proporcionar aos mestres, pois permitia que estes aprendessem os procedimentos exemplares observando a sua aplicação e ainda que ensaiassem a prática assistidos por professores experientes, que ofereceriam as orientações necessárias e fariam as correções oportunas.

As disciplinas de formação específica para o magistério, dentre as quais pode-se destacar a Psicologia e a Pedagogia, ganhavam cada vez mais importância, sobretudo a partir de 1917, quando os organizadores dos Anuários passaram a tratar com mais interesse dos fundamentos da Escola Nova.

"Entramos agora no domínio da Pedagogia propriamente dita. Nosso primeiro cuidado vai ser definir, de modo preciso, os fins da educação, e, especialmente, sob o ponto de vista brasileiro. Nesta fase do ensino, os ideais serão indicados aos alunos, com brilho de estrelas, convidativos como favos de felicidade. Aspirações a realizar, o interesse que despertam seja a fonte de energias que conduzem à moralidade - suprema razão de ser das escolas populares, meta última de nossos esforços aí." (TOLEDO, J.; OLIVEIRA, M. in **Anuário do Ensino do Estado**... 1920, p.339)

No volume referente a 1917, Oscar Thompson chamava a atenção para a necessidade do professor ser capaz de analisar os alunos em seus aspectos psicológicos e reconhecer eventuais deficiências, para poder prestar-lhe atendimento ou encaminhá-lo ao especialista mais indicado para resolver o problema. O autor acreditava que o mestre poderia cumprir o papel de psicólogo, reconhecendo os "temperamentos psíquicos" de cada criança, para ter condições de adequar o ensino em função dos mesmos e assim agir como um verdadeiro pai para as crianças, sendo rigoroso, porém justo e afetivo.

"Ao professor se lhe impõe ser severo, sem arrogâncias e incontinências de linguagem, e, sobretudo, justo, a fim de que seus atos, fira a quem ferir, não prejudiquem os seus próprios alunos. Tenha ele sempre o cuidado de correr um véu sobre o passado, maximé tratando-se de alunos faltosos, e recomece com eles vida nova, procurando, jeitosamente, demonstrar-lhes que não ficou em seu espírito nenhuma prevenção, que a sua disposição é a de um pai pronto a perdoar e pronto a novos sacrifícios para encaminhá-los da melhor maneira." (**Anuário do**

Ensino do Estado... 1917, p.35)

Segundo os responsáveis pela organização do ensino no Estado, os programas poderiam ser concisos, definindo apenas em linhas gerais o que deveria ser ensinado, de modo que o professor tivesse garantida certa liberdade para adaptá-los segundo o seu estilo e as necessidades de seus alunos. Pretendia-se, contudo, realizar a unificação dos métodos em todo estado, já que esses eram tidos como fundamentais:

"Descrentes, um tanto, do programa, temos quase a obsessão do método. É ele a alma da lição, a vida do aprendizado, o único penhor seguro de sucesso educativo (...) Neles está o segredo a tanto e com empenho procurado, de possuírmos escolas modelares, capazes de levar este povo a constituir a nação que todos sonhamos com delírio."(TOLEDO, J.; OLIVEIRA. M., **Anuário do Ensino do Estado**... 1920, p.341)

No Anuário de 1913 são apresentados os relatórios de treze inspetores escolares. À exceção de Domingos de Paula e Silva, que tratava de assuntos variados, e de João B. C. China, que abordava a questão dos livros didáticos, cada texto trazia considerações sobre como deveria ser desenvolvida uma disciplina específica. Haviam sido consideradas as seguintes disciplinas curriculares: "Música", "Ginástica e Exercícios Militares nas Escolas Públicas", "Trabalhos Manuais", "Educação Física", "Linguagem", "Educação Moral nas Escolas", "Educação Moral e Cívica em nossas escolas primárias", "Ensino de Aritmética nas Escolas Isoladas", "Educação Cívica", "Geometria" e "Desenho". Em geral os educadores defendiam um ensino que desenvolvesse o raciocínio e não sobrecarregasse a memória dos alunos com uma grande quantidade de informações de utilidade duvidosa. Aconselhava-se a adoção do método intuitivo, considerado o mais racional porque permitia ao aluno aprender pela experiência e pela observação. O professor deveria tornar o ensino mais significativo para o aluno, partindo de situações concretas vividas pelas crianças, visando tornar a aprendizagem mais fácil e o ensino mais eficaz. Alguns inspetores chegam a elaborar orientações detalhadas sobre os procedimentos mais aconselháveis para que os mestres obtivessem melhores resultados. Esse é o caso, por exemplo, de Joaquim Luis de Brito, que apresentava as seguintes indagações, como orientação de uma proposta de trabalho para o ensino da Geometria:

" Por que se não leva a criança, desde os primeiros tempos escolares, a medir o cumprimento do lápis, do caderno, do ponteiro, da carteira? Por que não fará ela logo, em papel, caixinhas, prismas, cilindros? Por que, em argila, não poderá a criança modelar o cubo que está sobre a mesa, o batente da porta, a perna cilíndrica da cadeira, a semi-esfera do tímpano? "Feito de papel – um cubo, um prisma, um cilindro, etc. por que não serão esses volumes desdobrados para bem clara compreensão de suas faces?" (**Anuário do Ensino do Estado**... 1913, pp.100-101)

Os educadores pretendiam tornar o ensino mais fácil, especialmente para as crianças que freqüentavam as escolas rurais, sugerindo para isso que o programa das escolas isoladas fosse reduzido ao essencial e que fossem ministrados conhecimentos "práticos", buscando poupá-las de grandes esforços intelectuais e do aprendizado de conhecimentos que não lhes seriam "úteis" no futuro.

"Nada, pois, desses eternos ditados, ambiciosamente decorados com o nome de análise lógica, e bons somente para tornar árido o ensino da língua; nada de fantasmagoria de palavras e, se possível for, nada de gramática às mãos das crianças. Fazer decorar fórmulas abstratas por crianças que vão sair da escola para se fazer operárias, é Ter prazer em contrariar o desejo das famílias." (**Anuário do Ensino do Estado**... 1913, p.65)

Cumpre ressaltar que a educação higiênica revestiu-se de grande valor nesse período, aparecendo sobretudo no Anuário referente a 1918, como uma parcela importante da atuação da escola junto à população, que precisava ser curada não apenas das moléstias mas também dos vícios, dentre os quais destacava-se o do tabagismo e do alcoolismo. Entendia-se que era preciso incentivar o cuidado com o corpo, especialmente entre as populações rurais, consideradas ignorantes e doentias, mediante a difusão dos preceitos de higiene e dos exercícios físicos. M. Foucault refere-se a essa preocupação com o disciplinamento do corpo, assinalando que a docilidade que a disciplina busca imprimir aos corpos tem como meta torná-los simultaneamente mais fortes e submissos, quer dizer, mais hábeis, porém menos autônomos.

"O momento histórico das disciplinas é o momento em que nasce uma arte do corpo humano, que visa não unicamente o aumento de suas habilidades, nem tampouco aprofundar a sua sujeição, mas a formação de uma relação que no mesmo mecanismo o torna tanto mais obediente quanto mais útil, e inversamente." (FOUCAULT, 1987, p.158)

A partir de 1918, os **Anuários** começaram a abordar freqüentemente a questão da obrigatoriedade escolar e os Diretores Gerais, em seus relatórios, esclareciam que cabia aos mestres de escola isolada a responsabilidade pela matrícula e freqüência dos alunos. O mestre que, aliás, deveria ser uma espécie de sacerdote, integrando-se à comunidade, onde apresentaria uma conduta impecável e mostraria aos pais das crianças em idade escolar a importância da educação.

"Urge, pois, que o professor, (...) não mais se limite a esperar que os alunos venham pedir matrícula à escola, mas, com verdadeiro interesse por essa, e louvável esforço, vá, de casa em casa, convencer pais e filhos da necessidade que tem o homem, na vida prática, na sociedade, de saber ler, escrever e contar." (THOMPSON, O. in **Anuário do Ensino do Estado**... 1918, p.6)

Cabe observar que, no discurso das autoridades, ora os professores apareciam como profissionais, que precisavam de melhores condições de trabalho e maior remuneração para o aperfeiçoamento da sua atividade, ora o magistério aparecia como uma vocação, sendo que seus integrantes deveriam possuir um ideal tão elevado e um compromisso tão importante com as novas gerações, que os tornassem capazes de enfrentar quaisquer dificuldades no cumprimento sua nobre missão. Assim, em algumas páginas dos **Anuários** encontra-se a imagem do mestre paulista esforçado que, apesar de todos os obstáculos que atravessavam seu caminho, empenhava-se de corpo e alma no seu trabalho, sem nunca desistir, e com iniciativa e criatividade para resolver todos os problemas que surgiam. Por outro lado há, em vários textos, referências ao desânimo do professor, que aparecia como incapaz de superar o menor obstáculo, apático e indiferente diante da triste situação de sua escola. Outra representação freqüente é a que caracteriza o professor como um profissional relapso e descomprometido com os elevados ideais da educação.

"Toda vez que visitamos uma escola e o professor desfia o eterno rosário de lamúrias contra os maus costumes locais, a falta de interesse pela educação, o desprezo do ensino, a ignorância das coisas pátrias, a ausência quase completa do sentimento patriótico - logo nos acode a idéia de perguntar o que fez a escola, que não remediou essas misérias, especialmente quando o professor arguido já ensina no lugar, durante alguns anos, já está treinado por algum longo exercício."(**Anuário do Ensino do Estado...** 1918, p. 739)

Esse trecho do relatório de Oscar Thompson, Diretor Geral da Instrução Pública referente ao ano de 1918 trata do trabalho docente nas escolas isoladas e ilustra bem a expectativa que se tinha em relação à atuação do professor que, conforme já se explicitou, não deveria limitar-se à mera instrução dos alunos, mas envolvia uma tarefa muito maior: a de despertar o entusiasmo pela educação, contribuindo assim para a formação do caráter e do nacionalismo em todos os indivíduos da região onde estivesse a escola.

Vários dos dispositivos disciplinares analisados por Foucault (1987) podem ser identificados em variações utilizadas pelas autoridades escolares para conseguir dos mestres a atuação desejada, bem como garantir o controle dos resultados do trabalho docente. Dentre eles destacam-se as inspeções, os registros e as punições e recompensas, bem como a definição dos programas e a delimitação dos horários que deveriam ser cumpridos. Esses mecanismos visavam garantir o controle do comportamento de professores e alunos, orientando a sua conduta para a realização do projeto educacional dos governantes, que pretendiam reformular a sociedade brasileira a partir da formação de cada indivíduo.

As inspeções tinham por objetivo avaliar o trabalho dos professores e garantir a adoção dos métodos exemplares, aconselhados pela pedagogia moderna. Eram feitas as correções necessárias e reforçados os procedimentos adequados. Os inspetores tinham ainda a responsabilidade de orientar e oferecer estímulo aos professores. O **Anuário** de 1923, o qual apresentava os resultados da Reforma empreendida por Sampaio Dória em São Paulo, em 1920, mencionava de maneira otimista as mudanças no serviços de inspeção que haviam sido implantadas no Estado:

"A inspeção escolar, incomparavelmente mais intensa do que outrora, conseguiu, como dissemos, pôr termo à falta de assiduidade e pontualidade de muitos professores, e contribuiu para melhorar a orientação de alguns diretores e de quase a totalidade dos regentes de escolas isoladas. Ela tem sido assídua, pontual, rigorosa, eficiente e os seus resultados surgem, e à medida que aparecem, seus reflexos se estendem pelo nosso aparelho escolar, tornando-o mais completo e proveitoso."(**Anuário do Ensino do Estado**...1923, p.143)

Outra atribuição de seu cargo era coletar os dados para a elaboração da estatística do movimento do ensino em cada ano. Para isso, efetuavam registros sobre a assiduidade de professores e alunos e sobre o aproveitamento das crianças, os quais permitiam avaliar os resultados obtidos por cada escola e por cada tipo de estabelecimento. Esses documentos escritos permitiam conhecer o sistema de instrução pública paulista e avaliar o seu funcionamento, a partir da descrição e da quantificação dos mínimos fatos.

"Um 'poder de escrita' é constituído como uma peça essencial nas engrenagens da disciplina. Em muitos pontos, modela-se pelos métodos tradicionais da documentação administrativa. Mas com técnicas particulares e inovações importantes. Umas se referem aos métodos de identificação, de assimilação ou de descrição."(FOUCAULT, 1987, p.168)

Dentre esses registros destacam-se as "cadernetas biográficas" dos alunos. No **Anuário** referente a 1915, o inspetor Arisitides José de Castro explicava como essas deveriam ser feitas, de acordo com a determinação do governo. Para que pudesse realizar o seu trabalho com mais critério, o professor deveria conhecer cada aluno o mais profundamente possível, pois só assim conseguiria intervir na formação da personalidade da criança, que era o principal objetivo da educação. A elaboração da caderneta biográfica dos alunos permitiria ainda que cada aluno fosse analisado e tratado como um caso particular, de acordo com o que explica Foucault (1987). Esse documento possibilitaria também o estabelecimento de relações entre os diferentes casos, a partir dos quais seria possível determinar a normalidade e identificar os indivíduos "anormais", aos quais deveria ser dispensado um tratamento especial.

Por outro lado, a criação dos "Prontuários dos funcionários do ensino", em 1920, veio atender à necessidade sentida na Diretoria Geral da Instrução Pública de se possuir um documento que apresentasse informações detalhadas sobre cada professor e o seu desempenho na carreira do magistério. Procurava-se obter um conhecimento tão completo quanto possível sobre cada integrante do magistério, para que se pudesse estabelecer as semelhanças e diferenças e ainda determinar um padrão de normalidade, identificando-se os indivíduos e seus desvios.

"Além da identificação pessoal, com relação à sua filiação, maturidade, idade, título de habilitação profissional, estado civil, etc., serão registrados nos aludidos "Prontuários" as suas nomeações, remoções, permutas, promoções e licenças, assim como os serviços ao ensino em geral, a sua orientação pedagógica, a sua conduta social, os louvores recebidos das autoridades do ensino, as penalidades sofridas, toda a descrição, enfim, da vida do funcionário."(**Anuário do Ensino do Estado**... 1920, p.33)

Os próprios **Anuários** e os relatórios das autoridades escolares neles inscritos constituem um exemplo importante dos registros oficiais criados para documentar as realizações do Estado em matéria de educação, expressas no movimento do ensino nas escolas em cada ano, as reformas e determinações estabelecidas, a avaliação das autoridades dos resultados atingidos e ainda as metas propostas.

Quanto às punições e recompensas previstas para regular a ação dos mestres, havia o "Código Disciplinar", o qual impunha severas penalidades aos professores que cometessem infrações ou simplesmente deixassem de cumprir os seus deveres. Por outro lado, no **Anuário** referente ao período compreendido entre 1909 e 1910, anunciava-se a criação do "Livro de Honra" na Diretoria Geral da Instrução Pública, o qual já vinha sendo solicitado pelos inspetores escolares há algum tempo. Nesse livro, passaram a ser consignados elogios e votos de louvor aos professores que apresentassem um desempenho excelente. Em geral, as autoridades apoiavam a criação de um código de prêmios aos professores, que proporcionasse estímulos ao esforço pessoal, mediante o oferecimento de recompensas, como por exemplo viagens ao exterior para o estudo de técnicas educacionais mais avançadas, que pudessem ser aproveitadas em São Paulo, ou preferência para promoções, contagem de tempo para efeitos de aposentadoria e contribuição para o pagamento do aluguel da escola, no caso dos professores isolados, entre outras.

"É condenável o indiferentismo que, inconscientemente nivela bons e desidiosos. Por isso, coerente com esse modo de pensar, penso que devem ser indicadas ao governo do Estado, as escolas cujos professores manifestem, no desempenho de suas funções, zelo, aptidão e boa orientação." (**Anuário do Ensino do Estado**... 1908-1909)

No que se refere às punições e recompensas para a correção do comportamento infantil, os inspetores que falavam a esse respeito, manifestavam-se contrariamente aos castigos físicos que, segundo eles, felizmente haviam sido extintos nas escolas, embora ainda existissem nas famílias. Por outro lado, esses educadores também não concordavam com a adoção de recompensas materiais para se conseguir da criança a atitude desejada. Entendiam que essa medida era prejudicial à formação do caráter infantil e que a boa conduta deveria ser valorizada em si mesma pelo aluno, pelos seus efeitos positivos para a realização das atividades escolares e o relacionamento dos indivíduos.

"Pelos seus efeitos diretos, imediatos, a boa disciplina regulariza a transmissão do ensino, ordena o trabalho, conjura as interrupções prejudiciais, facilita a tarefa do mestre.

"É mais tarde, porém, na vida adulta, pelos seus efeitos remotos – que a boa disciplina – geradora de hábitos de ordem, de obediência e respeito aos direitos alheios na infância – manifesta todo o seu valor educativo, conduzindo para a sociedade as forças vivas do caráter."(**Anuário do Ensino do Estado**...1910-1911, p.17)

Essa concepção pressupõe uma série de comportamentos fixos a serem seguidos e ainda uma relação baseada na dominação e na subordinação, em que o mais importante é a obediência e o respeito à autoridade do professor, elemento que está mais próximo da lei. De fato, em alguns momentos aparece nas páginas dos relatórios dos inspetores escolares a comparação entre a educação escolar e o preparo militar, ou entre o sistema de ensino e a organização das forças armadas no país, como é o caso da seguinte passagem presente no **Anuário** de 1923:

"A Instrução pública formará o grosso das tropas: seu Estado Maior, constituído de experimentados generais, dá a direção que deve tomar a luta: os oficiais fiscalizam, vêm tudo animando, auxiliando, entusiasmando a seus soldados, os soldados da Vitória, que são os professores, essa brilhante, sadia, inteligente mocidade, que vai tranformando o analfabeto em um cidadão útil ao Estado, porque se tornou útil a si e à família."(**Anuário do Ensino do Estado**... 1923, p.222)

Se não houvesse falhas no funcionamento do sistema público de instrução paulista na época em que foram publicados os **Anuários**, esse constituiria um excelente exemplo da organização disciplinar, tal como analisada por Foucault. As famílias e os alunos eram vigiados de perto pelos professores, que por sua vez, estavam sob os olhares atentos do diretor, no caso dos grupos escolares, e dos inspetores, que visitavam todas as escolas. Esses últimos eram funcionários da Diretoria Geral da Instrução Pública e deviam cumprir as determinações do Diretor Geral. Tinham a responsabilidade de redigir relatórios anuais, prestando contas do trabalho que haviam realizado e transmitindo informações sobre o movimento do ensino das escolas. Esses textos eram enviados, finalmente, ao Secretário de Estado dos Negócios do Interior, a quem o Diretor Geral também era subordinado. Assim, garantia-se o controle de cada um dos elementos do aparelho escolar, os quais eram tanto mais visíveis quanto mais inferior era a posição que ocupavam nessa estrutura hierárquica. Na verdade, contudo, esse controle não era realizado completamente. As escolas isoladas, por exemplo, não contavam com a figura do diretor e eram inspecionadas de maneira muito irregular, o que impedia o governo de saber exatamente como cada um desses estabelecimentos funcionavam. Esse era um dos vários motivos pelos quais as escolas isoladas constituíam uma fonte de constantes preocupações para as autoridades escolares. Além disso, as estratégias de controle não conseguiam impedir uma série de transgressões que, apesar das sugestões efetuadas pelos inspetores no sentido de reprimi-las, continuavam a parturbar a ordem do sistema ainda em 1936, como era o caso da falta de assiduidade dos professores, os atrasos e a falsificação das listas de presença, entre outras.

" O poder de vigilância hierarquizada das disciplinas não

se detém como uma coisa, não se transfere como uma propriedade; funciona como uma máquina. E se é verdade que sua organização piramidal lhe dá um 'chefe', é o aparelho inteiro que produz 'poder' e distribui os indivíduos nesse campo permanente e contínuo. O que permite ao poder disciplinar ser absolutamente indiscreto, pois está em toda a parte e sempre alerta, pois em princípio não deixa nenhuma parte às escuras e controla continuamente os mesmos que estão encarregados de controlar; e absolutamente 'discreto' , pois funciona permanentemente e em grande parte em silêncio" (FOUCAULT, 1987, p.158)

Referências Bibliográficas

Anuários do Ensino do Estado de São Paulo São Paulo, Inspetoria Geral do Ensino / Diretoria Geral da Instrução Pública / Diretoria do Ensino, 1907-1937.

AZEVEDO, F. **A Cultura Brasileira:** introdução ao estudo da cultura no Brasil São Paulo, Melhoramentos / Brasília, INL-MEC, 5ed., 1976.

CARVALHO, M.M.C. **A Escola e a República** São Paulo, Brasiliense, 1989 (tudo é história, 127)

CARVALHO, M.M.C. **Molde Nacional e Forma Cívica (Higiene, Moral e Trabalho no Projeto da Associação Brasileira de Educação)** Tese de Doutorado, FEUSP, mimeo, 1986.

CASPARD, P. et all. **La Presse d'education et d'enseignement XVIII-1940** TomeI A-C. INRP, Edition du CNRS, 1981.

CATANI, D.B. **Educadores à meia luz:** um estudo sobre a **Revista de Ensino** da Associação Beneficente do Professorado Público de São Paulo: 1902-1918 Tese de Doutorado, São Paulo, FEUSP, 1989.

__________ "Informação Disciplina e Celebração: os **Anuários do Ensino do Estado de São Paulo"** Texto apresentado na XVI Reunião Anual da ANPED (Associação Nacional de Pós Graduação em Educação) Caxambu, MG, 1993. Publicado na **Revista da Faculdade de Educação**, v.21, n.2, Julho / Dezembro, 1995, pp. 9/30

CHARTIER, R. **A História Cultural: entre práticas e representações** Lisboa / Rio de Janeiro, Difel / Bertrand Brasil, 1990.

FOUCAULT, M. **Vigiar e Punir: nascimento da prisão** trad. L.M.P.Vassalo, 2 ed., Petrópolis, Vozes, 1983.

NAGLE, J. **Educação e Sociedade na Primeira República** São

Paulo, EPU, 1974.

______ "A Educação na Primeira República" in FAUSTO, B. (org.) **História Geral da Civilizaçào Brasileira:** o Brasil Republicano - Sociedade e Instituições (1889-1930) São Paulo / Rio de Janeiro, Difel, 1977, Tomo III, v.2.

NARODOWSKI, M. "El docente como intelectual vigilado. Una aproximación desde la historia del discurso pedagógico", Texto apresentado na XVIII Reunião Anual da ANPED (Associação Nacional de Pós Graduação em Educação) Minas Gerais, 1995.

NÓVOA, A. **A imprensa de Educação e Ensino:** Repertório Analítico (séculos XIX e XX) Lisboa, Instituto de Inovação Educacional, 1993 (Memórias da Educação).

RODRIGUES, J.L. **Um Retrospecto:** alguns subsídios para a História Pragmática do Ensino Público em São Paulo. São Paulo, Instituto D. Ana Rosa, 1930.

TAVARES, F.R. **A Ordem e a Medida:Psicologia e Ensino em São Paulo (1890-1930)** São Paulo, FEUSP, 1996.

APÊNDICE - A IMPRENSA PERIÓDICA EDUCACIONAL NO BRASIL: DE 1808 A 1944

Maria Helena Camara Bastos
(Universidade de Passo Fundo
Universidade Federal do Rio Grande do Sul)

A pesquisa histórica em fontes documentais torna-se muitas vezes precária, tanto pelo desconhecimento do que há de fonte de pesquisa, como pela inadequada catalogação e conservação. Este problema agrava-se quando pesquisa-se a história da educação brasileira, principalmente no tocante à história de sua imprensa periódica educacional.

A imprensa pedagógica - instrumento privilegiado para a construção do conhecimento, constitui-se em um guia prático do cotidiano educacional e escolar, permitindo ao pesquisador estudar o pensamento pedagógico de um determinado setor ou grupo social, a partir da análise do discurso veiculado e a ressonância dos temas debatidos, dentro e fora do universo escolar. Prescrevendo determinadas práticas, valores e normas de conduta, construindo e elaborando representações do social, a imprensa pedagógica afigura-se como fonte privilegiada de estudo: jornais, boletins, revistas, magazines; feita por professores para professores, feita para alunos por seus pares ou professores, feita pelo Estado ou outras instituições como sindicatos, partido, associações e Igreja. Sua análise possibilita avaliar a política das organizações, as preocupações sociais, os antagonismos e as filiações ideológicas, as práticas educativas e escolares.

O breve histórico da imprensa pedagógica no Brasil objetiva sinalizar esta produção discursiva, com a intenção de constituir um *repertório*,[1] um instrumento de trabalho para todos os historiadores que se interessam pelo estudo dos sistemas educativos e pela reconstituição de uma face do discurso

1 CASPARD, P. (dir) **La Presse d'éducation et d'enseignement, XVIII s.-1940**. Répertoire analytique. Paris: CNRS/INRP, 1981-1991. 4 vol. NÓVOA, A. (dir) **A Imprensa de educação e ensino**. Repertório analítico (séculos XIX-XX). Lisboa: Instituto de Inovação Educacional,1993,1061 p. No momento atual,a Prof. Denice Catani elabora um repertório da Imprensa Pedagógica do Estado de São Paulo.

pedagógico brasileiro. A criação de periódicos pedagógicos pode ser explicada tanto por fenômenos de ordem propriamente educativa, como por fatos de ordem social ou de ordem política, O período abarcado tem por limites a criação da Imprensa Régia no Brasil, em 1808, e a publicação da Revista Brasileira de Estudos Pedagógicos, pelo Instituto Nacional de Estudos Pedagógicos/ INEP, em 11 de julho de 1944.

A imprensa no Brasil data de 1808, quando D. João VI cria a Imprensa Régia pelo Decreto de 13 de maio de 1808. Esse Decreto recebe uma emenda, em 26 de julho, a qual destaca como uma das principais razões para sua criação o auxílio à expansão da educação pública.[2]

Até essa época não era permitida a importação de máquinas impressoras, bem como, de atividades de imprensa na Colônia. Houve algumas iniciativas isoladas, de pouca duração, de impressão a partir da xilogravura, com função primordialmente religiosa-evangelizadora. CARVALHO, ao abordar a imprensa no Brasil, diz que "a primeira impressora que se tem conhecimento é a estabelecida por Isidoro da Fonseca, no Rio de Janeiro, em 1774, tendo sido fechada três anos depois por ordem da Metrópole."[3]

A imprensa que aportava no Brasil, até o século XIX, vinha de Portugal, França e Inglaterra. HALLAWELL afirma que "no Brasil - colônia de produção agrícola, a tipografia inexistiu durante quase todo o período colonial. Na verdade, durante parte desse período a administração era tão rudimentar e a população tão pequena e espalhada por uma área tão vasta, que a indústria impressora não era administrativamente necessária, nem economicamente possível."[4]

T. Von Leithold, prussiano, que esteve no Rio de Janeiro em 1819, descreve que havia visto comerciantes de gravuras, mas não livreiros: "Impressor, só existe um no Rio de Janeiro, e ainda por conta do rei. Por aí se poderá julgar o que se seja o movimento de livros e a censura da imprensa. A principal função dessa tipografia é editar um jornal em português, que aparece duas ou

2 HALLEWEL, L., **O livro no Brasil**. São Paulo: T.A. Queiroz/EDUSP, 1985. p.70.

3 CARVALHO, Xavier de. **La presse du Brésil**. Paris: H.Richard, 1895.

4 HALLEWEL, L., op. cit. p. 5.

três vêzes por semana, no qual são reproduzidos ,devidamente censurados, artigos do *Morning Chronicle* ou de jornais franceses." Em nota, consta que depoimentos de outros viajantes não confirmam esta informação. Sir George Stauton, em 1792, viu dois livreiros. Spix e Martius citam dois modestos, em 1817, e Alexander Calccleugh em 1820, reconhece ser o negócio mau e fraco, mas refere a existência de quatro lojas de livros.[5] NEVES, afirma que, ao contrário da visão corrente, apoiada sobretudo em relatos de viajantes, "havia um intenso comércio de livros no Rio de janeiro, em princípios do século XIX, em especial após a instalação da Corte na cidade."[6]

A imprensa periódica inicia-se em 10 de setembro de 1808, com a publicação do primeiro jornal do Rio de Janeiro - **A Gazeta do Rio de Janeiro,**dirigido por Frei-Tibúrcio da Rocha. Três meses antes da impressão oficial, um outro jornal brasileiro é publicado - **Correio Braziliense**, por iniciativa particular de Hipólito da Costa, em Londres.[7] Em 1812, é publicada a primeira revista ou jornal literário, na Bahia - **As Variações ou Ensaios de Literatura**, com o propósito de divulgar "discursos sobre os costumes e as virtudes morais e sociais".[8] Em 1813, circula a primeira revista carioca - **O Patriota**, com maior preocupação com as ciências e artes.

A imprensa nasce sob a tutela do Estado, que detêm o monopólio da impressão no Município da Corte, com função eminentemente burocrática. FAUSTO diz que "todas as publicações estavam sujeitas a uma comissão de censura, encarregada de examinar os papéis e livros que se mandassem publicar e fiscalizar que nada se imprimisse contra a religião, o

5 LEITHOLD, T. Von e RANGO, L. Von. **O Rio de Janeiro visto por dois prussianos em 1819**. São Paulo: Cia. Ed. Nacional, 1966. p. 48

6 NEVES, Lúcia M. B. P. Comércio de livros e censura de idéias: a atividade dos livreiros franceses no Brasil e a vigilância da Mesa do Desembargo do Paço - 1795-1822. **Anais da XI Reunião da SBPH**. São Paulo, 1991. p.149-154.

7 Sobre estes dois jornais, ver: MARIANI, Bethania S.C. Os primórdios da Imprensa no Brasil (ou: de como o discurso jornalístico constrói memória).IN: ORLANDI, E.(org.) **Discurso fundador**. A Formação do País e a Construção da Identidade nacional. São Paulo:Pontes, 1993. p.31-42..

8 SILVA, Maria Beatriz Nissa da. **O império Luso-Brasileiro:1750-1822**. vol. III. Lisboa: Editorial Estampa, 1922. p.463.

governo e os bons costumes."[9] Até 1821, a censura acompanhou nossa imprensa, como decorrência da imprensa portuguesa, que desde o século XV estava sob controle. Para NEVES, "o Estado português, ainda bastante arraigado ao Antigo Regime, continuava a encarar a censura como o instrumento por excelência para conter a influência de idéias perigosas e não vislumbrava a possibilidade de transformar a imprensa em arma de combate, capaz de propagar os seus próprios valores, nem mesmo para enaltecer a figura de seu soberano."[10] Com a abolição da censura também extingue-se o monopólio da Imprensa Nacional (1821),passando a ser iniciativa de particulares.

A estada da família real no Brasil representou significativas modificações na vida administrativa, social e cultural do país, refletindo também no papel da imprensa. Para NEVES, "o período de 1820-1822 notabilizou-se pela extensa divulgação de impressos, em função do movimento constitucional do Porto e da relativa liberdade de imprensa alcançada a partir da Regeneração Portuguesa."[11] A independência do país marcará a proliferação de periódicos, em decorrência do aumento do público-leitor, do acréscimo gradativo do público feminino, e de maior interesse por questões políticas, contribuindo para o incremento, diversificação e maior circulação da imprensa, por todas as províncias. ALMEIDA afirma que " a imprensa periódica já não era uma simples crônica dos acontecimentos políticos, segundo a visão do Gabinete de São Cristovão. Fazia-se propagandista do que havia de bom e belo. Foi então que começaram a aparecer as revistas literárias e de instrução, as escolas públicas e os colégios particulares que, abertos um atrás do outro, elevaram o nível de aspiração."[12] Podemos dizer que publicavam-se três tipos de periódicos: gazetas e almanaques, jornais literários e científicos e os jornais políticos.

Em 1823,o francês M. Leloy, funda **A Estrella Brazileira,** que desaparece em pouco tempo. Em 1824, o mesmo Leloy, com o editor Plancher Seignot et Seignot Plancher, publica o periódico

---

9 FAUSTO, B. **História do Brasil**. São Paulo, EDUSP/FDE, 1995, p.127.

10 NEVES, L.M.B.P., op.cit., p. 152.

11 NEVES, L.M.B.P., op.cit., p. 150.

12 ALMEIDA, J.R.P. **História da Instrução Pública no Brasil (1500-1889)**. São Paulo, EDUC/ Brasília, INEP/MEC, 1989, p.54.

Spectator Brasileiro (1824-27).[13] Em 1827, Plancher publica o **Jornal do Commércio**, que logo se tornou o mais importante jornal carioca, sendo editado até os nossos dias. Também, edita a primeira revista **Revista Brasileira, das sciencias, artes e industriais**. CARVALHO cita, para este período, os seguintes periódicos: **A Aurora Fluminense** (1827-1835), **Courrier du Brésil**(1828-1930), **A Luz Brasileira** (1828-1831), **O Farol** (1826-1830), **O Observador Constitucional** (1827-1832), **Nitheroy** (1836).A primeira revista voltada às mulheres foi editada, de 1832 a 1842, sob o título **A Mulher do Simplício ou A Fluminense Exaltada**. Em 1849, é publicada **A Marmota**, posteriormente **A Marmota na Corte**, até 1864. A criação do Instituto Histórico e Geográfico Brasileiro, em 1838, e a publicação da **Revista do IHGB**, constitui um espaço significativo de divulgação de questões relativas à instrução pública no país. Encontramos também algumas iniciativas de publicação de periódicos educacionais:

Jornal da Sociedade Promotora da Instrução. Cônego Marinho. Minas Gerais (1832-33).

Atheneu Popular. Minas Gerais (1843)

O Atheniense. Bahia (1849-50)

A ampliação gradativa da instrução pública e, principalmente, de colégios particulares (liceus),na segunda metade do século XIX, eleva o nível de aspiração intelectual e, por consequência, o aumento de periódicos e livros didáticos.

O relatório do diretor da Instrução Pública da Bahia, de 1856, Doutor Abílio César Borges (Barão de Macahubas) chama a atenção para a necessidade de publicações pedagógicas: "...depois de um excelente professorado, de boas casas para escolas, abundância e frequência de alunos, faltam-nos ainda bons compêndios para o uso escolar e livrinhos escolares ,manuais práticos de todos os ramos de indústria para o povo; e também um **jornal de instrução pública para os professores e comissários...**,que não tem recursos nem meios de fazer estudos sobre a educação e pedagogia. E ainda a criação de uma pequena livraria de livros especiais e a assinatura de jornais que se publicam na Europa sobre a matéria para a secretaria da Diretoria

13 SCHAEFFER, M.L.G.P. ***The Spectator* - o teatro das luzes: diálogo e imprensa no século XVIII**. São Paulo, USP, 1986, tese.

da Instrução: aí não só o diretor como os membros do Conselho e os professores da capital encontrariam e estudariam o que neste sentido se publica; uns e outros recomendariam e empregariam os melhoramentos e novidades que fossem adaptáveis ao país."[14] Em 1870,o Presidente da Província da Bahia cria "uma revista debaixo da fiscalização do diretor geral dos estudos, duas vêzes por mês, estranha a toda questão política, exclusivamente destinada ao desenvolvimento da instrução; serão assinantes obrigados todos os empregados do ensino públicos; os mestres particulares e os colégios ou casas de educação receberão também a revista sendo considerados como assinantes se não declararem o contrário. Os nomes dos alunos que se distinguirem nos exames serão publicados na **Revista**". Em 1871, temos a notícia de que "continua a ser publicada regularmente, preenchendo os seus fins, a **Revista da Instrução Pública**. Tem 344 assinantes." No entanto, em 1873, consta que "a Revista da Instrução Pública deve ser restabelecida; esse periódico prestou valiosos serviços, tanto mais quanto, nas condições em que fora criada, pouco ou nada sobrecarrega os cofres provinciais, visto como o seu custeio saía das assinaturas dos professores."[15]

A publicação de periódicos pedagógicos continuou incipiente. Para AZEVEDO "ao contrário da imprensa de caráter geral e político, que teve um papel tão importante no domínio da literatura, a imprensa didática, que surgiu a partir de 1876, não chegou a estimular a eclosão de uma literatura pedagógica. Ela veio no último quartel do século e nunca teve bastante importância nem público suficiente para suscitar e canalizar as correntes de pensamento no domínio da educação". [16]

Em levantamento realizado no catálogo da Exposição de História do Brasil (Ed. UNB Tomo I),é possível identificar alguns periódicos que tratam de temas relativos à educação e ao ensino no Brasil, no século XIX : **Jornal de Instrução e Recreio,** de Vieira da Silva, Henrique Leal, Frederico Colin, Reis Raiol. Publicação da Associação Litteraria Maranhense. Maranhão, 1845-46. n.1-24

---

14 MOACYR, Primitivo. **A Instrução e as Províncias (1835-1889)**.São Paulo: Cia. Ed. Nacional, 1939. vol. 2. p.99.

15 MOACYR, P. Op cit. p154

16 AZEVEDO, F. **A Cultura Brasileira**. Tomo III. São Paulo;Melhoramentos, 1958. p.109

Revista Universal Brazileira. Jornal de Instrução e Recreio. Rio de Janeiro. Typ. Classica de J. Ferreira Monteiro, 1848. n.1-24.

O Cruzeiro do Sul. Periódico hebdomadário de instrução e recreio, por uma associação de literatos nacionais e estrangeiros. Rio de Janeiro, Typ. Classica de F.A. d'Almeida, 1848. n 1-4.

Estrela do Occidente. Periódico semanal, instructiva, crítica e litteraria. Rio de Janeiro, 1849.

O Incentivo. Semanario recreativo e de instrução. Belém, 1851.

Gazeta da Instrução Pública. Redator Francisco Octaviano de Almeida Rosa. Niterói, 1851-52. n. 1-9.

O Curupira. Jornal litterario e instructivo. Rio de Janeiro, 1852-53.

Revista da Instrução Pública. Dir. Instrução Pública Dr. Sacramento Blake. Bahia. 1854-1861

O Sceptico. Jornal de Instrução e Recreio. Rio de Janeiro,Typ. Americana de J.S. do Pinho, 1857.

Revista Popular. Jornal ilustrado, dedicado às letras, ciências e artes. Rio de Janeiro, B. L. Garnier, 1859-1862.

Revista Brazileira. Jornal de ciências, letras e artes. Rio de Janeiro, 1857-1861.

Bello Sexo. Periódico religioso, de instrução e recreio, noticioso e crítico moderado, redigido por várias senhoras. Red. chefe: D. Júlia de Albuquerque Sandy Aguiar. Rio de Janeiro, Typ. Popular, 1862.

Revista do Instituto Polytécnico Brazileiro. Rio de Janeiro, 1867-1904.

Jornal das Famílias. Rio de Janeiro, B.L.Garnier, 1863-1878, n. 1-192.[17]

Annuário Illustrado Brazileiro. Em prosa e verso. Contém vários artigos de instrução e de recreio para entretenimento do povo. Rio de Janeiro, Eduardo e Henrique Laemmert, 1870.

Revista da Instrução Pública. Periódico creado pela lei de 16 de maio de 1870, que reformou os estudos, destinado exclusivamente ao desenvolvimento da instrução popular. Bahia, 1871,(publ. quinzenal).

---

17 MAURO, F. **O Brasil no tempo de Dom Pedro II.(1831-1889)**.São Paulo: Cia. das Letras, 1991. AZEVEDO, C. D. **Jornal das Famílias.** *Contribution à l'étude de la presse féminine brésilienne*. Paris: Université Paris, 1976.(Mémoire de Maîtrise)

A Luz. Jornal literário e instructiva publicado todos os domingos por uma Associação de Litteratos, sob a redação de F. A. Costa. Rio de Janeiro, Typ. da Luz, 1872-73, vol.I-II.

Instrução Pública. Jornal que publica os atos da Instrução Pública e se ocupa de todas as questões relativas ao ensino primário, secundário e superior do Império. 1872. 8 p.

O Anjo Familiar. Periódico das famílias. Rio de Janeiro, Typ. Academica, 1873.

Echo do Professorado. Jornal pedagógico, instructivo e recreativo. Publicação semanal dirigida pelo professor F. Xavier de Assis. Pindamonhangaba, 1873.

A Crença. Revista da Escola Polytechnica. Propriedade de estudantes da mesma escola. Rio de Janeiro, Typ.Fluminense, 1874-75.

Instrução Nacional. Revista de pedagogia, sciencias e letras, collaborada por professores e litteratos e dirigida por Antonio Estevan da Costa e Cunha e Augusto Candido Xavier Cony. Rio de Janeiro, Quirino F. do Espírito Santo, 1874.

O Tupy. Periódico litterário, instructivo e recreativo. Propriedade da Sociedade Club dos Quatro. Rio de Janeiro, Domingos Luiz dos Santos, s.d. n.1-4.

No Rio Grande do Sul, o levantamento realizado por Athos Damasceno Ferreira, relativo à Imprensa Literária de Porto Alegre no século XIX,[18]permite identificar alguns periódicos com função literária e instrutiva:

O Guaíba. Periódico literário, instrutivo e educativo. Direção de Carlos Jansen e João V. de Abreu e Silva. Porto Alegre, Tipografia Brasileira-Alemã, 1856-57.

Album de Domingo. Periódico literário e de aprimoramento da educação. Direção de A.J.S. Faria. Porrto Alegre,Tipografia Alemã, 1860-61.

Revista do Partenon Literário. Orgão oficial da Sociedade Partenon Literário. Porto Alegre, 1869-79.

Album Semanal. Periódico literário e instrutivo. Direção de João Câncio Gomes. Porto Alegre, Tip.d'O Rio-Grandense, 1872.

---

18 FERREIRA, A. D. **Imprensa Literária de Porto Alegre no século XIX**. Porto Alegre: Ed. UFRGS, 1975

A revista **A Instrução Pública** (1872-75), considerada a primeira publicação periódica pedagógica, foi iniciativa do Dr. J.C. de Alambary, considerado por ALMEIDA " o fundador, no Brasil da imprensa didática. A ele deve-se a criação de uma excelente publicação periódica, que contém úteis ensinamentos para os institutores. Os artigos do Dr. J. C. Alambary Luz brilham acima de todos e, entre seus colaboradores, podem-se citar Abílio César Borges/Barão de Macaúbas, o Conselheiro Autran, Augusto Cony, Antonio Severino da Costa, Carlos Brazil, Francisco Antonio da Silva Castilho, Antonio Estevan da Costa Cunha, Felisberto de Carvalho, Guilherme Joaquim da Silva, Joaquim Mendes Malheiros, José Raimundo de Vasconcelos, o Cons. J. Liberato Barrosa, o Cons. Manuel Ribeiro d'Almeida, Manuel Olympio Rodrigues da Costa, o Cons. Magalhães Taques, Tehóphilo das Neves Leão, Pacheco Júnior, Pedro d'Alcântara Lisboa, o Cons. Pinto Cerqueira, Rodrigues Carneiro e Teixeira d'Azevedo." [19]

Houve outras publicações deste gênero, que para AZEVEDO, não "representavam determinada tendência pedagógica nem trabalhavam por desprender da massa de idéias, as antigas ou novas, as diversas correntes, ainda indefinidas de opinião."[20]

Aurora Literária. Órgão da Sociedade Fraternidade Escolática, Grêmio dos alunos de Fernando Gomes. Porto Alegre, 1875-76.

A Escola. Dirigida por professores e redigida por alunos do Instituto Brasileiro, de Apolinário Porto Alegre. Porto Alegre, 1876.

Revista Mensal da Instrução Pública da Província do Rio Grande do Sul. Porto Alegre, Jornal do Commercio, 1876-77. **O Colibri.** Periódico destinado ao *belo sexo.* Porto Alegre, Tipografia da Imprensa Literária, 1877-78.

A Escola. Revista brazileira de educação e ensino, collaborada por vários professores e litteratos, sob a direção do Dr. Luiz Joaquim Duque Estrada Teixeira. Rio de Janeiro, S. José Alves, 1877-78. 4 vol.

O Escolar. Órgão do Liceu Azurara. Campos, 1878. n.1-5.

O Ensino. Publicação hebdomária redigida por diversos professores públicos. Rio de Janeiro, Typ. Popular de Christovão M. do Amaral Vasconcelos, 1878. n.1-2.

---

19 ALMEIDA, J. op. cit. p.173

20 AZEVEDO,F. op. cit. p.109.

A Grinalda. Periódico litterario e instructivo. Propriedade de José Nunes Maciel de Oliveira e Salustiano Maciel. Livramento, Typ. do Echo da Fronteira, 1878.

Primavera. Revista semanal, instructiva, noticiosa, sob a direção de D. Francisca Senhorinha da Motta Diniz. Rio de Janeiro, Typ. Primavera, 1880. n. 1-8.

Revista Mensal da Sociedade Culto às Letras. Órgão da Sociedade Científica e Literária Culto às Letras, dos alunos da Escola Militar. Porto Alegre, 1880-81.

O Lábaro. Periódico literário e científico. Propriedade de Joaquim J. T. de Azevedo. Porto Alegre, Tipografia d'O Mercantil, 1880-81.

Revista Literária. Periódico crítico e Instrutivo. Direção de Aurélio Bittencourt. Porto Alegre, 1881-82.

A Sentinela da Instrução. Jornal destinado a acompanhar os progressos da instrução primária e secundária no Brazil e a defender os interesses da mocidade estudiosa. Rio de Janeiro, Typ. Econômica, 1880-81. n. 1-10.

Pharol. Órgão dedicado aos interesses dos alunos da Escola Normal da Corte. Rio de Janeiro, Typ. do Brasil Cathólico, 1881.

O Athleta. Órgão oficial do Club Caixeral. Porto Alegre, 1883-89.

A Luz. Publicação científico-literária dos alunos do Ginásio São Pedro. Porto Alegre, 1833.

Revista da Liga do Ensino. Dirigida e redigida, principalmente, por Ruy Barbosa, presidente da Liga, Rodolfo Dantas e Balduino Coelho. Rio de Janeiro, Faro e Lino Editores, 1884.(números mensais de 28p).

A Lira. Periódico dos alunos do Instituto Normal. Porto Alegre, 1885.

O Contemporâneo. Direção de Azevedo Júnior. Porto Alegre, 1886-88.

O Pampeiro. Revista mensal do Club Acadêmico dos alunos da Escola Militar. Porto Alegre, 1886.

O Sete de Setembro. Órgão oficial do Grêmio Literário Fagundes Varela, dos alunos do Ginásio São Pedro. Porto Alegre, 1887.

O Grêmio dos Professores Primários. Publicação quinzenal. Recife.

Revista do Ensino. PubLicação quinzenal por Alcides Catão da Rocha Medrado. Ouro Preto ,Minas Gerais.

Revista de Educação e Ensino. Red: Barroso Rebello e Octávio

Pires. Pará.

Jornal das Crianças. Publicação periódica Dr. Menezes Vieira. Rio de Janeiro.

Revista do Ensino. Redator: M.Neville. Rio de Janeiro.

O Ensino Primário. Revista mensal consagrada aos interesses do ensino e redigida por professores primários do Rio de Janeiro.

Revista da Instrução Pública de Pernambuco. Mensal, Diretor Dr. João José Pinto Jr. Recife.

Revista do Ensino. Órgão pedagógico. Maceió, Alagoas.

Almanack do Amigo dos Surdos-Mudos. Rio de Janeiro.

Revista do Ensino Primário. Publicação mensal. Redatores: Leopoldo dos Reis, Luiz Leal, Theotonio de Almeida. Bahia.

A Família. Publicação mensal.Órgão do Colégio M. Vieira e da família emancipadora Menezes Vieira. Rio de Janeiro.

Jornal Fröebel das Famílias. Publicada pelo corpo docente e alunos do Colégio Menezes Vieira aos seus ilustres diretores. Rio de Janeiro, 1884.

A Semana. Dir. Valentim Magalhães. Rio de Janeiro.

A Escola Pública. Mensal. São Paulo.

O Progresso Educador. Publicação bimensal. Dir-redatores: Tereza Gandini e Regina'Gherda.

O Soldado. Publicação quinzenal. Revista científica e literária da escola Militar. Dir. Liberato Bittencourt.

llustração. Artes e ciências. Dir: Henrique Bernardelli. Rio de Janeiro.

Com a proclamação da República, em 1889,é criado o Ministério da Instrução, Correios e Telégrafos (1890-92). Benjamin Constant transformou em lei a criação do **Pedagogium**, museu pedagógico que havia sido criado por iniciativa do Conde D'Eu, em 1883, quando da convocação do Congresso de Instrução Pública. Esta instituição ,além do museu pedagógico, mantêm uma biblioteca, uma *revista pedagógica*, ministra cursos e conferências científicas, realiza exposições escolares, escola de aperfeiçoamento do magistério, entre outras atividades.

A **Revista Pedagógica**, publicação periódica do *Pedagogium*, é editada de 15 de novembro de 1890 a 15 de setembro de 1896, com dez volumes (49 números),sob a direção do Dr. Menezes Vieira. Compreende parte oficial, seção de pedagogia, crônica do Interior e do Exterior, variedades e anúncios. Como órgão oficial do Ministério tem distribuição gratuita aos professores públicos primários e secundários e aos estabelecimentos oficiais de ensino.[21]

Durante a Primeira República, principalmente, nas décadas de 10 e 20, período de grande efervescência política e cultural, houve uma série de iniciativas voltadas à publicação de revistas, jornais ou boletins, com preocupações exclusivamente educacionais. Esse incremento da imprensa pedagógica insere-se na transformação do papel da literatura educacional, que para NAGLE "foi um importante instrumento de sustentação das frequentes discussões que se faziam, da mesma forma que desempenhou o papel de transmissora e de das novas modalidades de percepção da problemática educacional, principalmente do modelo escolanovista."[22]

A Biblioteca Nacional, em levantamento realizado pelo pesquisador Paulo Couto, lista algumas publicações deste período de 1889 a 1930:

Revista da União Acadêmica. Periódico dos alunos da Escola Militar. Porto Alegre, 1889-1892.

O Phanal. Redigido por alunos da Escola Brasileira. Porto Alegre, 1893

O Mecenas. Periódico literário e científico. Direção de Andrade Neves Neto. Porto Alegre, Tipografia da Livraria Americana, 1893

A Escola. Periódico dos cadetes da Escola Militar. Porto Alegre, 1896.

A Escola. Revista pedagógica mensal. Mar. 1896; abr. 1923 a nov. de 1927.

Revista do Jardim de Infância. São Paulo, 1896-97

A Escola Pública. Pedagógica Prática. 1896-97.

Educação e Ensino. Revista pedagógica da Instrução Pública Municipal. Rio de Janeiro. jul. 1897.

O Album. Periódico dos alunos da Escola Militar. Porto Alegre, 1897.

---

21 GONDRA, José Gonçalves. **A Pedagogia da República: uma leitura do discurso oficial da *Revista Pedagógica* (1890-1896)**.São Paulo: FEUSP, 1996. mimeo. e **Entre os Frutos e o Arvoredo - A Docência no Projeto Educacional Republicano (1890-1896)**.São Paulo, 1 Seminário de Docência, Memória e Gênero, 1996.

22 NAGLE, Jorge. **Educação e Sociedade na Primeira República**. São Paulo: EPU/EDUSP, 1974. p. 271.

Revista Sul-Riograndense. Periódico científico e literário. Porto Alegre, 1898.

A Eschola. Órgão da Associação dos Professores do Brasil. Rio de Janeiro, jul. a ago. de 1900.

Lehrerzeitung. Jornal do Professor. Associação dos Professores Teuto-brasileiros católicos. Porto Alegre, Typ. do Centro, jan. 1900 a 1939.

Allgemeine Lehererzeitung für Rio Grande do Sul. Associação dos Professores Evangélicos. 1901- 1939.

A Escola. Revista Oficial de Ensino. Pará, abr. a set. de 1902.

Educação. Revista de assuntos geraes e pedagógicos.j ul. a dez. de 1903.

Educação Nacional. Educação, ensino, administração, bibliografia. Rio de Janeiro. jul. a dez. de 1907; out. 1908 a dez. de 1910.

O Estudo. Revista da Sociedade de Estudos Pedagógicos de Professores do Distrito Federal. Rio de Janeiro, ago. 1908 a mar. 1910.

Ensino Primário. Paraíba. jan-dez 1910.

Egatea. Engenharia/UFRGS. Porto Alegre, 1914-1934. n. 1-19.

Educação e Pediatria. Rio de Janeiro, jul. 1913 a dez. 1916.

Revista Pedagógica. Ceará, mar. 1917 a mai. 1919.

O Ensino. Órgão da Liga de Professores. Rio de Janeiro, abr. 1919 a jun. 1920.

O Ensino. Revista pedagógica. Pará, jun. 1919.

Revista de Educação. Fundada por Loureço Filho. São Paulo, mai. 1921 a set. 1923.

A Educação. Revista mensal dedicada à defesa da Instrução no Brasil. Rio de Janeiro, ago. 1922 a nov. 1925.

A Escola de Adultos. Órgão do Centro de Professores e Coadjuvantes. Rio de Janeiro, set. a nov. 1925.

Revista do Ensino. Minas Gerais, 1926- .

Revista Brasileira de Educação. jul. a nov. 1929.

A partir de 1930, amplia-se o debate pedagógico e com ele a preocupação com a divulgação das idéias em questão, ocorrendo um grande impulso de publicações pedagógicas, com a edição de livros, inúmeras revistas e boletins especializados. MONARCHA afirma que " a partir do final dos anos 20, os educadores profissionais transformaram-se em publicistas pedagógicos preocupados com a construção nacional."[23] Esta

23 MONARCHA, Carlos. **A Reinvenção da cidade e da multidão**. São Paulo: Cortez/Autores Associados, 1990. p. 128.

ampliação das publicações pedagógicas está inserida no debate político-ideológico entre pioneiros e católicos.

O Ministério da Educação e Saúde Pública, criado em 1930, edita, em nível nacional, a revista pedagógica intitulada **Revista Nacional de Educação** (1932-),sob a responsabilidade do Museu Nacional do Rio de Janeiro, estimulando uma série de iniciativas estaduais, municipais e privadas. Para o período de 1930 a 1937, num levantamento preliminar da Biblioteca Nacional, constam as seguintes publicações:

O Ensino. Órgão oficial do Instituto de Professores Públicos e Particulares. Rio de Janeiro, jun. 1936 a mai. 1941.

Formação. Revista Brasileira de Educação. Rio de Janeiro, ago. 1931 a dez. 1954.

Revista Brasileira de Pedagogia. jan. 1934 a ago. 1938.

Revista Fluminense de Educação. set. 1936 a ago. 1943.

O Estudo. Revista dos alunos do Instituto de Educação de Porto Alegre. Porto Alegre, ago. 1930 a set. 1931.

Boletim de Educação Pública. Diretoria Geral de Instrução Pública. Rio de Janeiro, 1930-

Educação Nova. Diretoria de Instrução Pública. Fortaleza, 1932.

No Estado Novo, de 1937 a 1945, a imprensa escrita é um importante veículo de produção e difusão do discurso nacionalista. A imprensa pedagógica, nesta perspectiva, também tem grande impulso, sendo utilizada com função político-doutrinária, facilitando *o escoamento dos conteúdos do regime.*[24] Um levantamento preliminar, possibilitou listar os seguintes periódicos:

Educação. Assistência Brasileira de Educação. fev. 1939 a dez. 1942.

Educação. Órgão da Associação Brasileira de Educação. Rio de Janeiro, nov. 1939 a jul. 1940; jan. a dez. 1942.

Educação e Administração Escolar. Rio de Janeiro, set. 1938 a nov. 1942.

Estudos Educacionais. 1941- 1943.

O Ensino. Revista pedagógica, didática e noticiosa administrativa. Rio de Janeiro, abr. 1942 a dez. 1958.

Revista do Ensino do Estado do Rio Grande do Sul. Órgão de

---

24 LENHARO, Alcir. **Sacralização da política**. Campinas: Papirus/Ed. UNICAMP, 1986. p. 54.

divulgação sob o patrocínio da SESP/RS. Porto Alegre, 1939 a 1942.[25]

Estudos. Órgão da Associação de Professores Católicos do Rio Grande do Sul. Porto Alegre, 1940- 1977.

Revista do I.E. Porto Alegre, dez. 1942-

Em 11 de julho de 1944, o Instituto Nacional de Estudos Pedagógicos (INEP/MEC), criado em 13 de julho de 1938, passa a editar a **Revista Brasileira de Estudos Pedagógicos** (RBEP),que marca o início de uma nova fase para a imprensa pedagógica brasileira, tanto nacional como regional (Atualidades Pedagógica da Editora Civilização Brasileira/1950; Revista de Pedagogia, da USP/1955). Em 1968, quando a Reforma Universitária (Lei 5.540) cria as Faculdades de Educação e os cursos de Pós-Graduação em Educação, em todo o país, haverá um estimulo ao debate pedagógico, o que significará um outro período de incremento da imprensa pedagógica, em todos os níveis e ramos de ensino.

25 BASTOS, M. H. C. **O Novo e o Nacional em *Revista*: A *Revista do Ensino* do Rio Grande do Sul (1939-1942)**.São Paulo: FEUSP, 1994. tese.

Impresso em janeiro de 2002, em papel Offset $75g/m^2$,
nas oficinas da Gráfica Bartira
Composto em Palatino, corpo 10pt.

Não encontrando este título nas livrarias,
solicite-o diretamente à editora.

Escrituras Editora e Distribuidora de Livros Ltda.
Rua Maestro Callia, 123 - Vila Mariana - 04012-100 São Paulo, SP
Telefax: (11) 5082-4190 - http://www.escrituras.com.br
e-mail: escrituras@escrituras.com.br (Administrativo)
email: vendas@escrituras.com.br (Vendas)
e-mail: arte@escrituras.com.br (Arte)